KB210361

자녀 축복 침상기도문

자녀 축복 침상기도문

저자 이대희

초판 1쇄 발행 2008. 4. 14.
개정판 1쇄 발행 2020. 4. 20.
개정판 5쇄 발행 2024. 2. 20.

발행처 도서출판 브니엘
발행인 권혁선

책임교정 조은경
책임영업 기태훈
책임편집 브니엘 디자인실

등록번호 서울 제2006-50호
등록일자 2006. 9. 11.

서울특별시 송파구 백제고분로28길 25 B101호 (05590)
마케팅부 02)421-3436
편집부 02)421-3487
팩시밀리 02)421-3438

ISBN 979-11-90308-18-2 03230

독자의견 02)421-3487
이메일 editorkhs@empal.com

북카페 주소 cafe.naver.com/penielpub.cafe
인스타그램 @peniel_books

도서출판 브니엘은 독자들의 원고를 설레는 마음으로 기다리고 있습니다.
위의 이메일로 간단한 기획 내용 및 원고, 연락처 등을 보내주십시오.

도서출판 브니엘은 갓구운 빵처럼 항상 신선한 책만을 고집합니다.

자녀를
성공하는 1%의
인생으로 세우는

자녀 축복
침상기도문

이대희 | 지음

브니엘

이 책은 2008년 초판을 출간한 이후 12년 동안 독자들로부터 너무나도 큰 사랑을 받았다. 1년에 평균 3천 권 이상 판매되었고, 많은 독자로부터 감사와 격려 메일을 덤으로 받기도 하였다. 이 책을 처음 출간한 시기에는 자녀 관련 기도서가 거의 없었다. 이 책이 그 시발점이라 해도 과언이 아니다. 그 뒤 많은 출판사에서 다양한 자녀 기도서가 우후죽순으로 출간되었다. 그만큼 자녀의 미래를 하나님께 맡기는 기도하는 부모가 많다는 방증이기도 하겠다.

10년이면 강산도 변한다고 했다. 이 책은 출간된 지 12년이 지났다. 강산도 변하고 한 세대가 성장하기도 했다. 당연히 사회, 경제, 문화적으로 급성장하는 놀라운 변화도 있었다. 그렇기에 그 시대에 맞는, 또 그 세대에 맞는 언어로 기도문을 다시 정리해야겠다는 필요성을 느꼈다. 좀 늦은 감이 있지만 지금이라도 이 일을 마무리할 수 있어서 감사하다.

12년 전에 펴낸 예전의 기도문을 정리하면서 우리 부부의 기도로 이미 청년으로 성장한 두 자녀를 생각하게 되었다. 그리고 기도문을 정리하면서 자녀들의 미래를 위해 다시 기도하는 시간을 갖게 되었다. 그 동안 두 자녀를 은혜 가운데 건강하게 지켜주시고 응답해주신 하나님께 감사드린다. 앞으로도 이 기도문처럼 평생 지켜주실 줄 믿는다. 이 기도문을 읽고 기도하는 모든 부모와 자녀에게도 동일한 은혜로 기도한 대로 응답받는 놀라운 축복이 임할 줄 믿어 의심치 않는다.

요즘 우리나라에는 유럽이나 미국처럼 딩크족이 유행이다. 아이를 낳지 않고 부부끼리만 즐겁고 행복한 삶을 누리자는 것이 이들의 생각이다. 한 발자국 더 낳아가 결혼마저도 망설이는, 아니 혼자 사는 혼족 또한 하나의 사회현상이다. 경제적 어려움에 어쩔 수 없이 혼자 사는 젊은이들도 있겠지만 딩크족의 경우 어찌 보면 사회공동체로서의 책임보다는 자기끼리만 잘살면 된다는 이기심의 발로일 수도 있다는 점에서 아쉬움을 더한다.

이처럼 사회는 다양하게 급변하고 있다. 이런 현실에서 우리는 자녀를 어떻게 양육하는 게 좋을까? 그것은 우리가 할 수 있는 최고의 축복인 말씀에 의지하여 기도로 키우는 것이다.

기도로 키운 자녀는 결코 망하지 않는다. 기도는 말씀을 심는 일이요, 말씀을 이루는 선언이기 때문이다. 우리 한국교회 성도들은 기도와 말씀을 분리하여 생각하는 경향이 있다. 하지만 헤브라이즘(이스라엘 민족) 개념으로 보면 기도와 말씀은 하나다. 기도는 말씀이요, 말씀은 곧 기도이다. 기도가 말씀이라면 기도 응답은 말씀의 성취이다. 그렇기에 기도로 키운 자녀는 결코 망할 수가 없다. 하나님의 말씀이 성취되는 놀라운 역사이기 때문이다.

이 책에 제시된 기도문은 막연히 책을 출간하기 위해 작성된 기도문이 아니다. 이 기도문은 내가 자녀를 양육하면서 말씀에 근거하여 직접 하나님께 올려드린 기도문이다. 그렇다보니 읽는 부모의 입장에서 더 공감할 수 있는 기도문이라 생각된다. 특히 이 기도문은 자녀들의 상황에 맞춘 기도문이 아니라 예수님의 성품을 바탕으로 한 기도문이다. 세상에서 가장 균형 잡힌 예수님의 인격을 닮아가는 목표로 기도문이 구성되었다. 기도를 통해 자녀들이 주님을 닮는 인격으로 성장하는 거룩한 창조의 시간이 되기를 바라면서.

자녀들은 어느 한쪽이 아닌 모든 면에서 온전하게 자라가야 한다. "예수는 지혜와 키가 자라가며 하나님과 사람에게 더욱 사랑스러워 가시더라"(눅 2:52). 하나님이 부모에게 맡겨주신 자녀를 예수님처럼 균형 잡힌 모습으로 양육하기 위해서는 하나님의 도우심이 절대적으로 필요하다. 부모는 자녀들이 예수님을 닮는 비전을 품도록 기도해야 한다. 이것을 위해서 하나님께 도움을 구하는 침상기도는 부모가 실천해야 할 자녀 양육의 귀중한 모습이다. 매일 밤 자녀가 잠들기 전 침상에서 축복하는 이 침상기도문은 부모가 자녀를 위해 하나님께 드리는 자녀 양육 기도에 큰 도움을 줄 것이다.

침상은 아무리 바빠도 하루를 마치면 꼭 돌아오는 장소이다. 가장 편안하고 쉼을 얻는 침상에서 부모와 자녀가 기도를 통해 만난다면 이처럼 아름다운 모습이 어디 있겠는가! 침상이야말로 자녀 양육의 가장 좋은 장소이다. 축복 기도를 통해 침상을 거룩한 성소로 만든다면 얼마나 좋을까?

여기에 제시된 자녀 축복 침상기도문은 누가복음 2장 52절의 예수님이 성장해가시던 모습을 기초로 영적, 정신적, 신체적, 사회적 4가지 영역으로 구성되었다. 어느 한 부분에만 치우친 것이 아니라 전인적 성장을 위해 균형 잡힌 기도를 드리는 것이다. 자녀가 한쪽으로 치우친 성장이 아닌 온전한 모습으로 자라는 것이 하나님께서 우리 아이들에게 품고 계신 비전이기 때문이다.

이 기도문은 단순한 기도문이 아니다. 크게 세 가지 의미가 있다. 하나는 자녀에게 기도를 배우게 한다는 점이다. 자녀가 평생 기도하는 삶을 살기 위해서는 어릴 적부터 기도를 배우는 일이 중요하다. 부모가 기도하는 모습을 보면서 기도하는 삶을 배우게 되는 것이다. 사도 바울이 "내가 그리스도를 본받는 자가 된 것같이 너희는 나를 본받는 자가 되라"(고전 11:1)고 권면한 것처럼 자녀는 부모가 기도하는 모습을 통해 기도하는 자녀가 된다.

두 번째는 자녀를 위해 기도하지만, 실상은 자녀를 위해 기도하는 그 습관으로 인하여 부모 자신이 기도하는 사람으로 성장한다는 점이다. 자녀를 위해 기도하는 그 믿음은 먼저 부모 자신에게 유익을 준다.

세 번째는 기도 훈련의 과정이라는 점이다. 여기에 수록된 기도문은 기도 훈련의 한 과정이다. 가장 좋은 기도 훈련은 기도함으로써 기도를 배우는 것이다. 기도는 이론이 아닌 실제적인 것이다. 그러므로 기도 자체인 기도문을 읽으면서 기도하면 부모에게 기도 훈련이 될 뿐만 아니라 그 기도를 듣고 자란 자녀에게도 자연스럽게 기도 훈련이 된다.

내가 아는 어떤 권사님은 손녀를 위해 이 책을 가지고 매일 기도를 드렸는데, 하루는 손녀가 할머니를 위해 기도해주겠다고 해서 놀랐다고 한다. 그런데 그 기도 내용이 평소에 자신이 손녀를 위해 읽어준 기도문 내용이어서 또 한 번 놀랐다고 한다. 우리가 상상조차 할 수 없는 놀라운 기도의 힘이 아닐 수 없다. 기도를 먹고 자란 자녀는 결코 망하는 법이 없다.

　이처럼 기도문을 중심으로 기도 훈련을 한다면 부모와 자녀 모두에게 기도할 수 있는 능력이 생기게 될 것이다. 이 책을 통해 각 가정의 부모가 자녀를 위해 드리는 그 기도가 모두 응답되어 자녀들이 예수님을 닮는 하나님의 사람으로 온전히 성장하길 바란다. 더불어 하나님의 놀라운 은혜가 가정에 항상 함께하길 기도드린다.

두 자녀를 위해 매일 기도하는 아버지
글쓴이 이대희

| Part 1 |
하나님을 사랑하며 예수님을 닮는 기도   ··· 019

하나님을 사랑하며 예수님을 닮게 하소서 | 구원의 기쁨을 만끽하게 하소서
죄를 지었을 때 즉시 회개하게 하소서 | 하나님의 뜻을 항상 분별하게 하소서
은혜 가운데 자라게 하소서 | 하나님의 거룩함을 입게 하소서
흔들리지 않는 신실한 믿음을 주소서 | 매일의 삶이 기쁨이게 하소서
마음의 평안을 잃지 않게 하소서 | 정직한 영을 주소서
죄의 유혹과 시험을 이기게 하소서 | 쉬지 않고 기도하는 사람이 되게 하소서
주님을 늘 자랑하며 찬양하게 하소서 | 하나님을 경외하며 즐겁게 예배하게 하소서
순종과 복종의 자세를 갖게 하소서 | 전도하고픈 열정을 주소서
성령 충만한 삶이 되게 하소서 | 천국을 바라보며 살게 하소서
사랑이 가득하게 하소서 | 어려움을 인내하며 이기게 하소서
고난 속에서 희망을 보게 하소서 | 교양과 훈계로 잘 양육받게 하소서
모든 일에 감사하게 하소서 | 영적 은사를 발견하고 계발하게 하소서
말씀을 뜨겁게 사랑하게 하소서 | 하나님을 알아가는 믿음이 성장하게 하소서
예수님의 마음을 품게 하소서 | 하나님과 이웃을 섬기는 종이 되게 하소서
하나님께 인생을 헌신하게 하소서 | 늘 긍정적인 소망을 갖게 하소서

"예수는 지혜와 키가 자라가며 하나님과 사람에게 더욱 사랑스러워 가시더라"(눅 2:52). 부모가 자녀를 위해 침상기도를 할 때는 무엇보다 전체 그림을 그리는 일이 중요하다. 자녀가 어떻게 자라가고 성장해야 할지 미리 상상하며 기도하면 유익하다. 점차 그 그림에 도달하는 것을 보면서 기도하면 보다 구체적이고 실제적인 기도가 될 수 있다. 이때 도움이 되는 것이 예수님께서 어린 시절 성장하던 모습이다.

성경에 매우 간단하게 언급되어 있는 구절이지만 침상기도의 전체 그림을 그리는 데 귀한 모델이 된다. 우리의 모델은 예수 그리스도이시다. 자녀가 닮아야 할 분도 예수님이시다. 자녀를 위해 기도하면서 단순히 "잘되게 해주세요"라고 기도하는 것보다 자녀가 닮아야 할 분명한 모델을 제시해주고 기도하는 것이 중요하다. 그 모델은 세상에서 가장 완전한 예수님이시다. 기도를 통해 예수님을 닮아가는 데 목표를 두는 것이 중요하다. 자녀의 마음과 생각 속에 예수님이 분명하게 자리 잡도록 하는 일이 필요하다. 기도는 그것을 이루는 도구이다.

예수님은 어느 한쪽에 치우지지 않고 균형 잡힌 성장을 하셨다. 인간의 기본 요소인 지·정·의는 물론 하나님과 이웃, 사회와의 관계가 모두 좋으셨다. 우리의 기도도 이것을 목표로 나아가야 한다. 내가 관심 있는 영역만 기도하고, 그러한 불균형적인 성장을 꿈꾸는 것은 문제가 있다. 기도하면서 자칫 자아가 강해지고 강퍅해지며 교만해지는 것은 하나님의 그림보다는 자신의 그림을 그리려고 하기 때문이다.

그렇기에 건강한 신앙 성장이란 균형 잡힌 성장이다. 인격적인 사람은 언제나 균형 잡힌 모습을 지닌다. 이러한 사람이 미래의 리더가 된다. 자녀에 대한 올바른 미래의 그림을 그리면서 기도하는 일이 필요하다. 어느 한 방면에만 숙달된 사람은 기능인이다. 아무리 탁월해도 성경적인 인간상이 아니다. 이 책 「자녀 축복 침상기도문」은 균형 잡힌 기도로 구성되었다. 예수님은 영적인 영역, 정신적인 영역, 신체적인 영역, 사회적인 영역에서 모두 성장하셨다. 우리 자녀들 역시 예수님처럼 온전한 모습을 지닌 사람으로 자라가도록 해야 한다.

이 책을 통해 침상기도를 할 때 모든 영역에서 균형 잡힌 하나님의 사람으로 성장할 수 있도록 기도드려야 한다. 다음에 나오는 침상기도문은 네 가지 영역에서 각기 중요한 30여 가지 주제를 선정하여 기도하도록 꾸며졌다. 물론 기도하는 사람의 필요에 따라 내용을 삽입할 수도 있다. 하지만 중요한 것은 균형 잡힌 기도영역이 필요하다는 점이다. 우리의 기도는 너무 세상적이거나 영적인 부분에만 치중되어 있다. 그러다 보니 일상적인 생활에서 기도의 힘을 발휘하지 못한다.

이 점을 염두에 두고 지금부터라도 균형 잡힌 온전한 하나님의 사람을 목표로 기도해야 한다. 우리 자녀가 건강한 신앙인으로, 온전한 인격자로 자라가고 성장하려면 기도의 내용부터 달라져야 한다. 우리 사회에 리더다운 리더가 부재한 이유도 이처럼 균형 잡힌 사람이 부족하기 때문이다. 한 부분에서 탁월한 능력을 발휘하는 사람은 많지만 네 가지 영역을 골고루 갖춘 사람을 찾기란 여간 힘든 일이 아니다. 우리는 어떤 사람이 기업체의 CEO가 되었다고 해서 그를 사회의 지도자라고 말하지 않는다. 진정한 리더는 인격적인 면과 전인적인 측면에서 덕을 발휘하는 사람이다.

그렇기에 기도는 기능의 문제가 아니라 인격의 문제이다. 기능적인 일을 위한 기도는 기도의 방향을 상실할 수 있고, 물질적인 기도로 흐를 수도 있다. 그래서 우리의 기도는 인격을 위한 기도가 되어야 한다. 한국교회는 열심히 기도하는 교회로 알려져 있다. 이처럼 좋은 장점을 가졌지만 한 가지 아쉬운 것은 아직도 물질적이고 기능적인 부분의 기도가 많다는 점이다. 하지만 예수님을 닮는 전인적이고 인격적인 기도로 나아간다면 이 점을 수정하고 보충하는 은혜의 기도가 될 것이다.

기도는 더 많은 물질을 얻거나 더 큰 명예를 쌓아서 세상적인 성공을 이루려는 것이 목적이 아니다. 우리의 기도는 자녀가 주님처럼 성장하게 데 목적이 있다. 한 사람이 인격적으로 성장해가는 데 관심을 둔다. 변화된 한 사람을 통해 세상을 변화시키는 것이 기도의 올바른 방향이다.

물론 기도를 통해 사람에게 필요한 물질을 얻고 병이 치유되는 역사가 이루어질 수도 있다. 하지만 그것은 기도의 최종 목표가 아니다. 기도는 한 인격이 변화되는 것에 초점이 있다. 이것은 단기전이 아닌 장기전이라는 의미이기도 하다. 이미 경험해 본 부모라면 자녀 한 명을 성인으로 성장시켜 한 가정을 이루게 하는 일이 짧은 순간에 이루어지는 일이 아님을 잘 알 것이다. 부모라면 한 명의 자녀를 바르게 키운다는 것이 얼마나 어렵고 오랜 기도가 필요한 일인지 누구보다도 잘 알 것이다. 그것은 온전한 인격 형성을 목표로 삼기 때문이다.

침상기도는 평생을 붙잡아야 하는 장기전의 기도이다. 물론 한 가지 영역도 이루기 어려운 현실에서 네 가지 영역을 모두 갖춘다는 것은 결코 쉬운 일이 아니다. 많은 노력과 오랜 시간이 필요하다. 기도는 쉽게 이루어지는 것이 아닌 고난과 시련을 통과하는 내려놓음의 시간이다. 기도는 평생의 과정이다. 몇 번의 훈련과정을 통과하여 학교를 졸업한다고 해서, 또 나이를 먹는다고 해서 저절로 이루어지는 일이 아니다. 우리가 기도로 꿈꾸는 자녀상은 예수님과 같은 전인적으로 균형 잡힌 사람으로 성장해가는 것에 있다. 자녀를 위한 침상기도는 그리스도의 장성한 분량에 이르는 그날까지 쉬지 않고 이루어가야 할 평생 여정이다. 부모가 기도를 통해 그것을 알려주고, 평생 기도하는 사람으로 우뚝 서게 하는 것이, 이 기도 책의 목적이다.

"우리가 다 하나님의 아들을 믿는 것과 아는 일에 하나가 되어 온전한 사람을 이루어 그리스도의 장성한 분량이 충만한 데까지 이르리니"(엡 4:13).

하나님을 사랑하며
예수님을 닮는 기도

만왕의 주님,
인생에서 하나님을 가장 우선으로 모시며
세상을 사랑하기보다는
하나님을 사랑하는 사람이 되게 하소서.
세상의 어떤 것보다 하나님을 마음에 품고
하나님이 좋아하시는 일에 힘쓰게 하소서.

오직 한 분이신 하나님만을 믿고 신뢰하며
하나님은 인생을 끝까지 책임져주시며
언제나 나와 동행하시는 분임을 알게 하시고
하나님을 생각하면 나도 모르게 감격하는
그런 사랑으로 가득하게 하소서.

하나님을 사랑하며
예수님을 닮게 하소서

사랑과 은혜의 주님!
사랑하는 _____를 위해서 기도합니다.

하나님을 인생의 주인으로 모시며
세상을 사랑하기보다는
하나님을 사랑하는 사람이 되게 하소서.
세상의 어떤 것보다 하나님을 마음에 품고
하나님이 원하시는 일에 힘쓰게 하소서.
오직 한 분이신 하나님만을 믿고 신뢰하며
하나님은 인생을 끝까지 책임져주시며
언제나 자신과 동행하시는 분임을 알게 하시고
하나님을 생각하면 자기도 모르게 감격하는
그런 사랑으로 가득하게 하소서.
하나님이 우리에게 보내주신 예수님을 하나님의 아들로 믿고
예수님을 마음속에 모시며 그분을 주인으로 섬기게 하소서.

잠시 있다 사라질 세상을 닮지 말게 하시고
오직 예수님의 성품만을 닮아가도록 하시고
예수님의 모습이 곧 ____의 모습이 되게 하소서.
언젠가 자기도 예수님처럼 될 줄로 믿고
예수님의 형상을 마음속에 그리면서
매 순간 살아가게 하소서.
하나님의 사랑으로 감싸주시며
그 사랑의 힘으로 삶을 새롭게 변화시켜주소서.
하나님의 사랑에 불붙게 하시고
이웃 속에서 예수님을 전하는 사랑의 도구로 살게 하소서.
누가 보아도 예수님을 느끼는 사람이 되게 하시고
마음속에 예수님으로 충만하게 하여
예수님이 ____ 안에서 살아계시게 하소서.
____를 통해 온 세상 사람이 주님을 알게 하소서.
예수님의 이름으로 기도합니다. 아멘.

구원의 기쁨을
만끽하게 하소서

우리를 구원하신 주님!
사랑하는 _____를 위해서 기도합니다.

이 세상에서 가장 소중한 것이
구원의 축복임을 알게 하시고
무엇보다도 자신이 구원받은 자녀라는 사실에 감사하며
구원받은 은혜를 평생 잊지 말게 하소서.
그리고 그 은혜에 합당한 삶을 살게 하소서.

지금도 구원받지 못한 수많은 사람을 보면서
현재 자신이 이렇게 하나님의 자녀가 된 것이
얼마나 행복한 일이며 놀라운 축복인지
그것을 자랑하며 구원의 기쁨을 이웃과 나누게 하소서.
구원은 나의 노력으로 된 것이 아니라
오직 하나님의 주도적인 선택과 사랑으로 된
선물임을 알게 하시고

하나님을 늘 의지하는 은혜받은 자녀가 되게 하소서.

구원의 확신이 흔들릴 때마다 십자가를 바라보고
우리 죄를 위해 죽으신 예수님의 사랑을 묵상하며
구원의 확신을 갖게 하소서.
구원은 하나님의 선물이고 주님의 은혜로 받은 것이며
인간의 노력이나 행위로 된 것이 아님을 깨닫게 하소서.
구원받은 자로서 생활 속에서
나에게 주신 구원을 즐기게 하소서.
이미 모든 행복이 자기 안에 있음을 알게 하시고
예수님 안에서 구원의 즐거움을
매 순간 느끼며 살아가게 하소서.
예수님의 이름으로 기도합니다. 아멘.

죄를 지었을 때
즉시 회개하게 하소서

죄를 사하여 주시는 주님!
사랑하는 ____를 위해서 기도합니다.

우리는 늘 연약한 죄인입니다.
아무리 노력해도 자기 힘으로는
죄를 용서받을 수 없는 사람입니다.
우리는 태어날 때부터 죄인으로 나왔기에
어쩔 수 없이 육신이 연약해질 때가 많습니다.
알면서도 죄를 짓고, 모르고 죄를 짓는 일도 많은데
그때마다 즉시 죄를 깨닫고 하나님께로 돌아서게 하소서.
가룟 유다처럼 죄를 뉘우치면서도
주님에게로 돌아서지 않는 교만한 사람이 되지 않게 하시고
죄를 지었다면 베드로처럼 즉시 깨닫고 뉘우치고 회개하여
용서받는 은혜의 사람이 되게 하소서.

죄를 짓는 데는 느리게 하시고

죄를 용서하는 데는 빠르게 하소서.

불가피하게 죄를 지었을 때는

그것으로 자책하지 말게 하시고

하나님의 자비를 구하며 회개하고

용서를 구하는 사람이 되게 하소서.

어떤 죄라도 하나님에게 돌아오면

무조건 용서해주시는 하나님의 사랑을 깨닫게 하소서.

회개하는 자를 용서하시고

죄를 잊어버리시는 하나님을 경험하여

죄를 멀리하는 삶을 살게 하소서.

죄의 무서움과 죄의 값은 사망임을 깨닫게 하시어

죄인의 길에 서지 않고 오만한 자의 자리에 앉지 않도록

성령님이 도와주소서.

예수님의 이름으로 기도합니다. 아멘.

하나님의 뜻을
항상 분별하게 하소서

좋은 것을 예비하신 주님!
사랑하는 ____를 위해서 기도합니다.

세상을 살아갈 때
인간을 혼란하게 하는 것이 많습니다.
인간은 무지해서 무엇이 옳은 일인지
분별할 수 없어 헤맬 때가 있습니다.
그래서 잘못된 결정을 하고, 그것으로 고통받기도 합니다.
그러나 ____에게는 주님의 도우심이 임하셔서
늘 하나님의 선한 뜻을 분별할 수 있게 도와주소서.
바른 판단력을 가지고 지금보다는 미래를 보게 하시고
처음에는 힘들지만 마지막에 승리하는 길을 택하게 하소서.
무엇이 하나님의 선하고 온전하신 뜻인지 분별하여
그것을 선택하고 결단하게 하소서.
인간의 유익과 자기 유익보다는
하나님의 유익을 먼저 생각하게 하시고

하나님의 나라를 건설하는 데 기여하는 삶이 되게 하소서.

무엇을 선택해야 할지 모를 때 성령님이 함께하셔서
진리의 길을 가도록 _____를 인도하여 주소서.
하나님의 뜻이라고 확신되면 언제든지 순종하게 하시고
그 마음으로 주어진 일을 감당하게 하소서.
하나님의 뜻이 잘 분별되지 않을 때는
그 이유가 모두 자신에게 있음을 알게 하시고
자신을 주님의 말씀에 복종시키는 훈련을 하게 하소서.
하나님의 선한 뜻이 보이면
주저 없이 그 길을 가는 결단력을 주시고
하나님의 기뻐하신 일에서 인생의 가치를 찾게 하소서.
주님의 말씀을 묵상하며
그 안에 하나님의 뜻이 담겨져 있음을 알게 하시고
말씀을 가까이하여 분별하는 능력을 주소서.
예수님의 이름으로 기도합니다. 아멘.

은혜 가운데 자라게 하소서

은혜와 긍휼의 주님!
사랑하는 ＿＿＿를 위해서 기도합니다.

이 세상의 삶을 살아가면서
모든 것이 하나님께로부터 온 은혜임을 알게 하시고
하나님의 은혜를 받아 누리며 살게 하소서.
어떤 은혜보다도 하나님의 은혜를 사모하게 하시고
나의 힘으로 사는 것이 아닌 하나님의 은혜를 받으면서
은혜의 힘으로 세상을 살아가도록 도와주소서.

은혜가 사라지면 잔인함이 생기고
은혜가 약해지면 자아가 강해지며
은혜가 부족하면 교만이 커지게 됨을 알게 하소서.

모든 것을 대할 때 이미 받은 은혜를
보답하는 자세로 행하게 하소서.
날마다 은혜가 가득한 얼굴이 되게 하시고

말과 행동이 일치하게 하시며
하나님의 은혜를 풍기는 사람이 되게 하소서.

매 순간 하나님의 은혜의 장중에 붙잡혀
받은 은혜를 전하며, 그 은혜를 나누는 삶이 되게 하소서.
옥합을 깨뜨려 예수님에게
자기가 받은 은혜를 전부 드렸던 여인처럼
매일의 삶이 하나님께 받은 은혜를 갚는 모습이 되게 하소서.
예수님의 이름으로 기도합니다. 아멘.

하나님의 거룩함을
입게 하소서

거룩하신 나의 주님!
사랑하는 ＿＿＿를 위해서 기도합니다.

타락하고 부패한 죄악의 세상에서
하루하루 살아가는 것이 쉽지 않지만
그 속에서 하나님의 거룩한 형상을 드러내게 하시고
하나님의 자녀 됨의 가치를 발휘하게 하소서.
세상에서 구별된 삶을 살게 하시고
세상과 타협하지 말고
말씀으로 세상을 변화시키는 사람이 되게 하소서.

죄인의 길에 서지 말게 하시고
오만한 자의 자리에 앉지 않게 하시며
교만한 생각에 이끌리지 않게 도와주소서.
하나님의 마음을 거부하고
인간의 욕심으로 가득한 세상 속에서

하나님의 거룩한 형상을 나타내는
신실한 제자가 되게 하소서.
세상의 일그러진 모습에 유혹되지 말게 하시고
하나님의 거룩함을 닮아
하나님의 거룩한 나라를 세우는 주도자가 되게 하소서.

하나님께 부름받은 ___가
하나님의 택하신 족속이요 왕 같은 제사장이요
거룩한 나라요 하나님의 소유된 백성임을 인식하여
자기 정체성을 분명하게 드러내게 하시고
어디에 가든지 하나님의 거룩한 백성으로서
왕 같은 자녀로서 당당함을 지키게 하소서.
예수님의 이름으로 기도합니다. 아멘.

흔들리지 않는
신실한 믿음을 주소서

변함없이 늘 신실하신 주님!
사랑하는 _____를 위해서 기도합니다.

이 세상에서 삶이 힘들고 어렵더라도
주위의 풍랑에 흔들리지 않게 하시고
오직 주님만을 바라보며 신실하게 살아가는 믿음을 주소서.
어떤 경우에도 하나님은 나를 사랑하시고
세상 끝날까지 함께하심을 믿게 하시고
그 믿음을 저버리지 않고
오직 주님만을 바라보며 살아가게 하소서.
풍성하게 채워주시는 주님을 경험하게 하시고
절대로 _____를 버리지 않으시는 그 사랑을 깨닫게 하소서.

세상의 물질과 힘에 의하여
성공하는 방법을 배우기보다는
주님의 공급하심으로

세상을 이기는 방법을 터득하게 하소서.
땅이 흔들리고 세상이 요동할지라도
주님을 바라보게 하시고
천지가 개벽하는 극심한 어려움이 다가온다고 해도
주님을 의지하면서 끝까지 웃음을 잃지 않게 하소서.
천지를 지으신 하나님에게 모든 구원이 있음을 믿고
주님을 찬양하며 감사하게 하소서.
결국은 승리할 줄 믿고 주님을 의지하게 하소서.
예수님의 이름으로 기도합니다. 아멘.

매일의 삶이 기쁨이게 하소서

기쁨의 근원이 되시는 주님!
사랑하는 ____를 위해서 기도합니다.

인간이 죄를 지음으로써
하나님이 주셨던 영원한 기쁨이 사라졌습니다.
불안, 걱정, 염려, 미움은 모두 죄로 인하여 온 것입니다
그러나 주님을 믿음으로써 기쁨 주심을 감사합니다.
우리 안에 이러한 주님의 기쁨이 있음을 믿게 하시고
주님의 기쁨으로 충만하게 하소서.

설사 매일 살아가는 환경이 힘들지라도
그 속에서 즐거움을 얻게 하시고
주님이 붙잡아주시는 힘으로 즐거워하게 하소서.
항상 기뻐하라고 하신 말씀을 기억하면서
하나님을 신뢰함으로 즐거워하게 하소서.
하나님의 눈으로 세상을 바라보며 기쁨이 충만하게 하소서.
매일매일 살아가는 것이 하나님의 은혜요

주님이 주시는 힘과 지혜로 살아감을 믿게 하시고
주님 안에서 즐거움을 얻게 하소서.

힘들 때는 주님이 나를 사랑하신
십자가의 은혜를 묵상하면서 일어서게 하시고
괴로울 때는 나를 위해 십자가를 지신
주님의 고난을 생각하게 하소서.
부당한 욕을 들어도 욕하지 않게 하시고
슬픔 속에서도 기쁨을 얻는 법을 터득하게 하소서.
매일의 삶 속에서 웃음을 창조하는 능력을 주시고
주님이 주신 즐거움을 만나는 사람에게 전하는
주님의 자녀가 되게 하소서.
예수님의 이름으로 기도합니다. 아멘.

마음의 평안을
잃지 않게 하소서

위로와 평안의 주님!
사랑하는 _____를 위해서 기도합니다.

어떤 경우에 처하든지 마음에 평안을 허락하소서.
어느 곳에 가든지 하나님의 평안을 경험하게 하시고
늘 주님 안에 거하는 즐거움을 갖게 하시어
그 속에서 흘러나오는 하나님의 평안을 누리게 하소서.

마음의 불안과 걱정과 염려를 제거하여 주시고
무엇을 하든지 마음의 평안을 잃지 않게 하소서.
설사 불확실한 미래 때문에 불안해진다 할지라도
주님을 끝까지 의지하고 신뢰하면서
참된 평안을 누리게 하소서.

모든 일이 잘 해결됨으로 얻는 평안보다는
일이 잘 풀리지 않아도 평안을 누리는 은혜를 주소서.

이 세상에는 참된 평안이 없음을 알게 하시고
늘 주님 안에 거하면서 평안을 소유하게 하소서.
세상의 헛된 유혹과 욕심 속에서
평안을 얻으려는 잘못된 생각을 버리게 하시고
말씀과 기도 속에서 영원한 평화를 소유하게 하소서.

우리에게 주신 평안을 자신만을 위해 사용하지 말고
이웃과 나누게 하소서.
평안을 만드는 사람으로서 살아가게 하시고
지금도 하나님을 알지 못함으로써 평안이 사라진 곳에
평화의 사도로 보냄받는 사람이 되게 하소서.
미움과 다툼이 있는 곳에 평화의 도구가 되게 하소서.
예수님의 이름으로 기도합니다. 아멘.

정직한 영을 주소서

모든 것에 진실하신 주님!
사랑하는 _____를 위해서 기도합니다.

무슨 일을 하든지
누구를 만나든지
주님 앞에 있음을 알게 하시고
진리를 알게 하시며 진리대로 행하게 하소서.
진리가 나를 자유하게 함을 믿고
진리 안에 거하는 사람이 되게 하소서.

무엇보다 정직한 영을 허락하시어
누구를 만나든지 외모로 판단하지 않고
진실한 마음으로 대하는 훈련을 하게 하소서.
현재에 진실하지 않으면 미래에도 진실할 수 없고
현재에 나누지 않으면 미래에도 나눌 수 없음을 알게 하소서.
오늘 하루 삶에 충실하게 하시고
주어진 하루 속에서 정직하게 사는 법을 터득하게 하소서.

정직함으로 인하여 어려움이 있고 손해를 본다 하여도
언제까지나 그것을 이길 수 있는 힘을 주시고
끝까지 진리를 포기하지 않게 하시며
인내로써 견딜 수 있는 믿음을 허락해주소서.
결국은 진리가 이김을 믿으면서
하나님의 진리에 굳건히 서 있게 하소서.

타락한 영혼이 되지 않게 하시고 진리의 영으로 무장하여
무엇을 생각하든지 진실의 편에 서서 자기를 드리게 하소서.
하나님은 언제나 진리와 함께 기뻐하고
진리와 동행하심을 믿게 하시며
말씀을 통하여 진리 되신 주님을 따라가는 삶이 되게 하소서.
예수님의 이름으로 기도합니다. 아멘.

죄의 유혹과 시험을
이기게 하소서

온갖 시험을 이기신 주님!
사랑하는 ____를 위해서 기도합니다.

우리가 사는 세상은 악하고 타락한 세상입니다.
죄가 난무하고 거짓과 폭력이 주도하는 어둠의 세상입니다.
이런 세상 속에서 죄와 타협하지 않고 이기는 것은
인간의 힘으로는 불가능합니다.
오직 절대적인 주님의 도움이 필요하오니
주님의 능력을 충만하게 부어주소서.
죄악 된 육신의 욕망에 끌리지 말게 하시고
쉬지 않고 유혹하는 사탄의 소리에
귀 기울이지 않게 하소서.
아담과 하와에게 다가와서 선악과를 먹으면
하나님과 같이 된다던 사탄의 유혹에 마음이 빼앗겨
죄를 짓는 일이 반복되지 않게 하소서.

무엇보다도 진리 되신 하나님의 말씀으로 무장하여
옳고 그름을 분별하며 언제나 바른 선택을 하게 하소서.
육신의 쾌락이나 인간의 욕망에
마음을 빼앗기지 않게 하소서.
언제나 주님이 원하고 기뻐하시는 삶을 살게 하소서.
예수님이 광야에서 사탄에게 시험받으실 때
말씀으로 이기셨던 것처럼
사람의 말보다 하나님의 말씀을 마음에 새기도록 하시고
사람의 생각보다는 하나님의 생각을 품어
유혹을 이기게 하소서.
내 힘으로는 결코 죄를 이길 수 없음을 알게 하시고
매일 매 순간 주님을 의지하여
주님의 음성에 귀 기울이며 승리하게 하소서.
예수님의 이름으로 기도합니다. 아멘.

쉬지 않고 기도하는
사람이 되게 하소서

쉬지 않고 기도하신 주님!
사랑하는 ____를 위해서 기도합니다.

오직 하나님만 의지하여 도움을 구하는
기도의 사람이 되게 하소서.
무슨 일을 할 때든지 기도로 시작하게 하소서.
내 생각대로 하면 실패하지만
하나님의 생각대로 하면 승리함을 믿게 하시고
느리더라도 주님의 뜻을 헤아려서 결정하게 하소서.
큰일만을 위해 기도하지 않게 하시고
작은 일에도 기도하게 하시며
살아가는 모든 문제를 하나님께 아뢰는
기도의 사람이 되게 하소서.
기도하는 것은 하나도 땅에 떨어지지 않고
응답됨을 믿게 하시고
쉬지 말고 인내하며 기도하게 하소서.

급할 때만 기도하지 말고
여유를 가질 때도 기도하게 하소서.
어려울 때만 기도하지 말고
편안할 때도 기도하게 하소서.
실패할 때만 기도하지 말고
성공할 때도 기도하게 하소서.
일이 닥칠 때만 기도하지 말고
일상에서 쉬지 않고 기도하게 하소서.

늘 하나님이 나의 기도를 들으심을 믿고
모든 일을 주님께 아뢰고 동행하며 살아가게 하소서.
그래서 주님의 일이 ____의 일이 되며
____의 일이 주님의 일이 되게 하소서.
예수님의 이름으로 기도합니다. 아멘.

주님을 늘 자랑하며
찬양하게 하소서

찬양받으시기에 합당하신 주님!
사랑하는 ＿＿＿를 위해서 기도합니다.

주님을 사랑하고 주님만을 자랑하는 것이
세상에서 가장 가치 있고 아름다운 일임을 알게 하소서.
우리가 가장 사랑하는 분은 주님이십니다.
간절히 기도하기는,
세상을 살면서 하나님을 자랑하면서 살아가게 하소서.
평생 자랑하고 싶은 분이 주님임을 알게 하시고
먹든지 마시든지
오직 하나님만 자랑하는 사람이 되게 하소서.

모든 일은 궁극적으로
하나님의 영광을 위해 존재하는 것임을 알게 하시고
주님을 세상에 선포하고 자랑하며 영광을 돌리는
일상을 살게 하소서.

나의 자랑보다는 주님의 자랑이 되게 하시고
나를 칭찬하기보다는 주님을 칭찬하게 하소서.

"주님은 흥하여야 하겠고 나는 쇠하여야 하리라"고 말했던
세례 요한과 같은 마음을 주소서.
오직 주님을 드러내고
주님을 자랑하는 것이 인생의 목적이 되게 하시고
그것을 위해 나의 낮아짐을 두려워하지 않게 하소서.
나를 구원해주신 것은 오직 주님을 자랑하는 사람으로
선택된 것임을 믿게 하시고
그 일을 일생에 걸쳐서 감당하게 하소서.
서로 자기가 높아지려는 세상 속에서
오직 주님만을 높이는 위대함을 배우게 하시고
주님을 높이는 일이 곧 나를 높이는 일임을 알게 하소서.
예수님의 이름으로 기도합니다. 아멘.

하나님을 경외하며
즐겁게 예배하게 하소서

만왕의 왕이신 주님!
사랑하는 _____를 위해서 기도합니다.

하나님을 경외하고 높이는 일을 좋아하게 하소서.
하나님을 경외하는 일에 익숙하게 하시고
그것으로 인해 얻어지는 즐거움을 경험하게 하소서.
하나님을 예배하고 경배하는 일이 억지가 되지 않게 하시고
자원하는 마음으로 즐겁게 주님을 예배하게 하소서.
예배드릴 때 하나님의 임재를 경험하게 하시고
영이신 하나님을 볼 수 있는 영적인 눈을 열어주소서.
예배할 때 타성에 젖은 습관적인 예배가 되지 말게 하시고
감격적이며 생동감 넘치는 예배를 드리게 하소서
예배를 통하여 하나님을 만나는 은혜를 새롭게 주소서.

야곱이 벧엘에서 하나님을 만나 예배자로 자라갔듯이
하나님을 만나는 경험을 주시어 언제 어디서든지

이곳이 하나님이 계신 곳이라는 고백을 하면서
하나님을 경배하는 삶을 살게 하소서.
인간의 최고 의무는 나를 만드신
하나님을 예배하는 데 있음을 알게 하시며
주일을 잘 지키고 주일을 가장 우선적인 날로 삼게 하소서.
예배하는 일이 많아지면서 아울러 삶도 변하게 하시고
하나님을 향한 믿음도 자라가게 하소서.
예배 가운데 하나님을 사랑하며
이웃을 사랑하는 마음을 갖게 하셔서
사랑의 사람으로 변화하게 하소서.
예배할 때 신령과 진정으로 예배하게 하시고
설교 말씀 중에 성령의 음성을 듣는 은혜를 주소서.
예수님의 이름으로 기도합니다. 아멘.

순종과 복종의 자세를
갖게 하소서

죽기까지 순종하신 주님!
사랑하는 ＿＿＿를 위해서 기도합니다.

말씀을 실천하고자 하는 마음으로
하나님의 뜻을 발견하게 하시고
깨달은 하나님의 뜻에 즐거움으로 순종하게 하소서.
주님이 하나님의 뜻에 순종하며
기꺼이 십자가의 죽음을 선택하셨던 것처럼
하나님의 말씀을 이루는 마음으로 순종하게 하소서.
사람의 말이나 세상의 풍조에 복종하지 말게 하시고
하나님의 말씀에 순종하는 능력을 주소서.

어려운 환경이나 고난을 당할 때
하나님의 말씀에 순종하는 훈련으로 생각하여
그 훈련을 잘 극복하게 하소서.
하나님의 말씀에 복종하는 마음으로

부모에게 순종하는 마음을 주소서.
순종과 복종의 훈련을 잘 감당하여
하나님의 뜻을 드러내는 하나님의 자녀가 되게 하소서.
자기 생각과 고집을 버리고
날마다 하나님의 뜻에 순종해가는 사람이 되게 하소서.

복종을 방해하는 자기의 생각과 편견에서
주님의 도움으로 과감히 벗어나게 하시고
선하고 거룩한 뜻에 순종하게 하소서.
불의나 잘못된 일에 대해서는 거부할 수 있는 힘을 주시고
하나님의 선한 뜻에 대해서는
미루지 않고 즉각적으로 순종하는 마음을 주소서.
예수님의 이름으로 기도합니다. 아멘.

전도하고픈 열정을 주소서

나의 구원자 되시는 은혜의 주님!
사랑하는 ＿＿＿를 위해서 기도합니다.

세상 어느 것보다 복음을 가장 사랑하게 하시고
받은 복음을 담대하게 전하게 하소서.
복음에 대한 은혜를 덧입게 하시고
그 은혜에 보답하는 마음으로 복음을 전하게 하소서.
복음을 알지 못하는 친구나 이웃을 만날 때마다
복음을 전하고자 하는 강렬한 마음을 주시고
누구에게든지, 어디서든지
복음을 전하는 전도자가 되게 하소서.

"복음을 전하지 아니하면 내게 화가 있을 것이로다"라고 말한
사도 바울과 같은 마음을 주시고
복음에 사로잡히는 열정을 주소서.
예수님을 알지 못하는 사람을 바라볼 때
영혼의 사모함으로 바라보게 하시고

한 영혼을 천하보다 더 사랑하는 마음을 주소서.
무엇보다도 영혼을 사랑하는 마음을 갖게 하시고
어려운 환경을 잘 감당하여 인내하며 복음을 전하게 하소서.
뱀과 같이 지혜롭고 비둘기같이 순결함으로
복음을 세상에 자랑하게 하소서.

자기의 힘이 아닌 성령의 능력으로 전도하게 하시고
오직 십자가와 부활을 전하는 증인이 되게 하소서.
학교나 동네에서 친구나 이웃을 만날 때
복음을 전하는 사명을 느끼게 하시고
자기가 가진 모든 것을 동원하여
복음을 전하는 하나님의 사람이 되게 하소서.
예수님의 이름으로 기도합니다. 아멘.

성령 충만한 삶이
되게 하소서

성령으로 충만하신 주님!
사랑하는 ____를 위해서 기도합니다.

세상을 이기는 것은 오직 믿음이라고 하셨습니다.
주님을 믿는 믿음을 강하게 하시어
믿음으로 세상을 바라보게 하시고
모든 일을 믿음으로 결단하게 하소서.

육신의 정욕에 지배받기보다는
성령의 지배를 받게 하소서.
세상의 유행에 충만하지 말게 하시며
성령으로 충만하게 하소서.
진리의 성령이 마음에 가득하게 하시고
진리의 인도함을 받는 하나님의 자녀가 되게 하소서.

술 취하거나 세상의 즐거움에 취하지 말게 하시고

오직 성령의 충만함을 받게 하소서.
성령의 충만함을 받아
하나님의 뜻이 무엇인가를 분별하게 하시며
오직 하나님께만 영광을 돌리는
찬양과 기도와 말씀의 삶이 되게 하소서.
예수님의 이름으로 기도합니다. 아멘.

천국을 바라보며
살게 하소서

산 소망이 되시는 주님!
사랑하는 ＿＿를 위해서 기도합니다.

예수님을 구원자로 믿음으로
천국에 들어가게 하심을 감사합니다.
믿음으로써 주신 천국의 선물을 늘 잊지 않고
그 은혜를 기억하고 감사하면서 살게 하소서.
이 세상에 거하면서 살지만 우리가 바라보아야 할 것은
저 천국의 삶인 것을 믿게 하소서.
일시적인 세상의 모습에 현혹되지 않게 하시고
영원한 하나님의 나라를 바라보며 살게 하소서.
세상에서 힘든 일이 일어날 때마다
천국의 소망으로 이기게 하소서.

천국을 보면서 세상을 보게 하시고
이 세상을 하나님의 나라로 만드는 데

힘을 다하는 하나님의 사람이 되게 하소서.

아직도 천국을 알지 못하고 천국을 소유하지 못한

많은 사람이 있습니다.

그들에게 천국의 복음을 전하여

구원의 은혜를 누릴 수 있도록 도와주시고

영원한 천국을 전하는 데 인생을 바치게 하소서.

비록 불완전한 이 세상에서의 삶이지만

그 안에서 영원한 가치를 이루면서 살아가게 하시고

평강과 희락과 의를 만드는 주인공이 되게 하소서.

예수님의 이름으로 기도합니다. 아멘.

사랑이 가득하게 하소서

사랑과 은혜가 풍성하신 주님!
사랑하는 ＿＿＿를 위해서 기도합니다.

하나님이 세상을 너무나도 사랑하시어
우리에게 독생자이신 예수님을 보내주신 것에 감사합니다.
그리고 예수님이 우리를 위해 십자가에 죽으심으로
큰 사랑을 베풀어주신 은혜를 찬양합니다.

원하기는 ＿＿＿에게 이러한 하나님의 사랑이
마음에 가득하게 하시고
하나님의 사랑으로 모든 일을 행하게 하소서.
자신의 생각과 마음으로 판단하지 말게 하시고
하나님의 마음과 사랑으로
사람을 대하고 친구를 사귀게 하소서.

하나님의 사랑이 가득한 복을 주소서.
아무것도 없으나 하나님의 사랑이 가득하면

이 세상에서 가장 행복한 사람인 것을 알게 하시고
감사하면서 받은 사랑으로 많은 사람을 사랑하게 하소서.

나의 사랑으로 사랑하는 것이 아니라
주님이 나에게 베풀어주신 그 사랑을 나누어주는
하나님의 사람으로 사랑하게 하소서.
사랑을 주되 값없이 주고
베푼 사랑의 대가를 바라지 말게 하소서.
하나님의 사랑의 포로가 된
그리스도를 닮은 사람으로 세워주소서.
예수님의 이름으로 기도합니다. 아멘.

어려움을 인내하며
이기게 하소서

사랑으로 인내하신 주님!
사랑하는 ___를 위해서 기도합니다.

죄를 지은 인간이 사는 세상은
많은 어려움이 끊이지 않고 있습니다.
어려움을 비켜나서 살 수는 없습니다.
인간에게는 평생 고난과 어려움이 닥쳐옵니다.
원하기는 ___이 어떤 환경에 처하더라도
그것을 이길 수 있는 힘을 주소서.
어려운 환경을 탓하지 말고
그 환경을 극복하며 헤쳐 나갈 수 있는
지혜와 용기를 주소서.

예수님이 겟세마네 동산에서
십자가를 질 수 있게 해달라고 기도하셨던 것처럼
한평생 주어진 나의 십자가를 거부하지 말고

그것을 잘 감당하게 해달라고 기도하게 하소서.
어려움은 인내를 만들어내고
그 인내는 믿음을 만들어내는 영혼의 약임을 깨달아서
어느 때든지 잘 이기게 하소서.
어려움이 닥칠 때 정면으로 돌파하며
물러서지 말게 하시고
주님의 도우심을 믿고 도전하는 담대함을 주소서.
위기는 늘 기회가 됨을 믿고 어려울수록 위축되지 않고
적극적으로 하나님의 지혜를 구하며
잘 헤쳐 나갈 수 있도록 은혜를 베풀어주소서.
예수님의 이름으로 기도합니다. 아멘.

고난 속에서
희망을 보게 하소서

고난 속에서 소망을 주시는 주님!
사랑하는 ____를 위해서 기도합니다.

밤이 지나면 아침이 오듯이
고난당하는 가운데서도
아침에 떠오르는 태양을 바라보면서 살게 하소서.
어둠이 짙을수록 새벽은 가까움을 믿고
고난당할 때 좌절하지 않고
하나님을 더욱 의지하는 믿음을 주소서.

믿는 자에게는 능치 못함이 없음을 믿고
어려울수록 더욱 하나님을 의지하고
하나님의 말씀과 기도에 충실한 사람이 되게 하소서.
고난당함이 내게 유익이라는 말씀을 믿고
늘 긍정적으로 생각하며 살아가게 하소서.
인생의 풍파를 만날 때마다

두려워 말고 믿기만 하라는 하나님의 음성을 듣게 하소서.
당장의 어려움만 보지 않게 하시고
고난을 통하여 나에게 주시는 하나님의 큰 은혜를 바라보며
소망 가운데 살아가게 하소서.

진정한 소망은 어려움과 고난 속에서
품는 것임을 알게 하시고
평소에 믿음을 훈련하여
고난이 닥칠 때 큰 도구가 되게 하소서.
고난에 대한 준비를 하면서
평안할 때 더욱 큰 믿음으로 준비하게 하소서.
예수님의 이름으로 기도합니다. 아멘.

교양과 훈계로
잘 양육받게 하소서

교훈하고 책망하시는 주님!
사랑하는 ＿＿를 위해서 기도합니다.

오직 한 분이신 하나님을 아버지로 섬기면서
살아가게 하심을 감사합니다.
세상 속에서 하나님의 자녀로서 합당하게 살기 위해서는
먼저 하나님의 뜻을 아는 일이 중요함을 알게 하소서.
하나님의 생각과 뜻을 알기 위해
말씀을 가까이하게 하소서.
성경 읽는 즐거움을 주시고
성경 속으로 빠져들어가는 체험을 하게 하소서.
성경을 통해 하나님의 뜻을 발견하는
즐거움을 빨리 터득하여 삶에 적용하게 하소서.
하나님의 말씀 안에는 사랑과 채찍이
모두 들어 있음을 발견하게 하시고
진리의 말씀으로 자신을 훈련하는 시간을 갖게 하소서.

사람의 생각이나 세상의 가치관에 의해
움직이지 말게 하시고
언제나 하나님의 뜻에 합당한 사람으로 살게 하소서.
하나님의 말씀이 영혼과 마음에 녹아지게 하시고
무엇을 하든지 하나님이 기뻐하시는
삶을 살도록 도와주소서.
진정한 성공은 하나님의 뜻을 알고
그 뜻을 실천하는 것임을 알게 하시고
말씀으로 양육받는 데 최선을 다하게 하소서.
양육하는 부모의 가르침에 순종하게 하시고
즐거움으로 받아들이는 마음을 주소서.
그래서 하나님의 말씀이
마음 판에 잘 새겨지도록 인도하여 주소서.
예수님의 이름으로 기도합니다. 아멘.

모든 일에 감사하게 하소서

감사와 은혜가 넘치는 주님!
사랑하는 ＿＿를 위해서 기도합니다.

세상의 창조된 모든 것이
하나님이 주신 것임을 알고 감사하게 하소서.
자연과 가정과 이웃을 주신
하나님의 선물에 감사하게 하소서.
값으로 계산할 수 없는
소중하고 가치 있는 것들을 주심에 감사하게 하소서.
모든 시작이 하나님으로부터 된 것임을 알게 하시고
하나님의 주신 힘으로
매일의 삶을 살아갈 수 있도록 인도해주소서.
어느 것 하나 인간의 힘으로
할 수 있는 것이 없음을 알게 하시고
하나님의 도움으로 살아가는 존재임을 깨닫게 하소서.

좋을 때만 감사하지 말고

힘들 때도 감사하게 하소서.

일이 잘되었을 때만 감사하지 말고

일이 잘되지 않을 때도 감사하게 하소서.

응답되었을 때만 감사하지 말고

응답되지 않았을 때도 그 안에 응답이 있음을 알게 하시어

감사의 기도를 드리는 믿음을 주소서.

언제 어디서나 감사하는 사람이 되게 하시고

모든 일을 감사의 눈으로 바라보며

하나님의 손길을 느끼게 하소서.

예수님의 이름으로 기도합니다. 아멘.

영적 은사를 발견하고
계발하게 하소서

능력과 은사의 주님!
사랑하는 ＿＿를 위해서 기도합니다.

하나님을 믿을 때
우리에게 은사도 함께 주셨음을 알게 하시고
나에게 주신 하나님의 은사를 발견하게 하소서.
누구에게나 주어진 하나님의 선물인 재능을
먼저 찾게 하시고
그것으로 하나님을 위해 드려지는 삶이 되게 하소서.
하나님이 나에게 주신 은사가 무엇인지
깊이 생각하며 생활 속에서 찾게 하시고
그것을 하루빨리 발견하여
은사를 계발하는 사람이 되게 하소서.

내 힘으로 하나님의 일을 하는 것이 아니라
하나님이 주신 은사를 가지고

주님의 일을 하는 것임을 믿게 하소서.
나에게도 분명히 하나님의 은사가 있음을 확신하고
여러 상황 속에서 자연스럽게 나만의 은사를 빨리 발견하여
하나님께 영광을 돌리게 하소서.

은사는 자기를 위해 사용하는 것이 아닌
하나님과 이웃을 위해서 사용하는 것임을 알게 하시고
발견된 은사를 잘 계발하여
하나님의 나라와 의를 위해 사용하게 하소서.
우리에게 있는 은사를 불 일듯 하게 하시어
주님의 영광을 위하여 사용하게 하소서.
하나님의 비전을 가지고
주어진 인생을 후회 없이 바치게 하소서.
예수님의 이름으로 기도합니다. 아멘.

말씀을 뜨겁게
사랑하게 하소서

말씀으로 오신 주님!
사랑하는 _____를 위해서 기도합니다.

세상을 말씀으로 만드신
하나님의 창조 섭리를 알게 하소서.
말씀의 능력을 알게 하시고
말씀이 모든 것의 시작임을 깨닫게 하소서.
말씀으로 구원받았고
지금도 말씀의 영양분으로 살아감을 믿게 하소서.
어느 한순간도 말씀이 없으면
우리의 영혼은 죽게 됨을 인식하여
하나님의 말씀을 사랑하는 사람이 되게 하소서.
모든 복이 말씀을 순종함으로 오는 것을 믿게 하시고
말씀에 순종하는 것을 우선순위에 두고 살게 하소서.
하나님 말씀의 신비를 알게 하시고
말씀의 바다에 푹 빠져

말씀을 통한 새로운 변화를 이루게 하소서.

말씀을 주시기 위해 오신 주님처럼
____도 말씀을 사랑하며 그 말씀을 실천하는 것에서
인생의 진정한 의미를 발견하게 하소서.
말씀을 글자나 문자로만 보지 말고
그 이상의 사건과 하나님의 이야기로 보게 하시고
말씀 너머에 있는 하나님의 마음을 보는 은혜를 주소서.
말씀을 지루하게 생각하지 않도록
말씀 자체의 역동성을 체험하게 하소서.
말씀을 마음으로 보고 영으로 읽게 하소서.
송이꿀보다도 더 단 것이
하나님의 말씀임을 경험하게 하소서.
예수님의 이름으로 기도합니다. 아멘.

하나님을 알아가는 믿음이
성장하게 하소서

믿음을 주시는 주님!
사랑하는 _____를 위해서 기도합니다.

하나님을 아는 믿음이 최고의 자산임을 알게 하소서.
세상의 지식은 하나님을 아는 믿음에서 출발하며
하나님을 아는 믿음이 있을 때
새로운 창조가 일어남을 믿게 하소서.
세상을 알기 전에 하나님을 먼저 알게 하시고
세상을 경험하기 전에 하나님을 먼저 경험하게 하소서.

하나님이 없는 세상은 의미가 없고
인생은 실패로 끝나고 맙니다.
그럼에도 많은 사람은 이 사실을 깨닫지 못하고
오히려 하나님을 거부하며 반역하는 세상이 되고 있습니다.
이런 잘못된 풍조에 사로잡히지 않게 하소서.
거룩하고 온전한 하나님의 성품이

사랑하는 ____의 마음에 가득하게 하시고
세상의 지식과 경험으로 인생을 보지 말고
하나님의 지식으로 세상을 바라보게 하소서.

무엇보다도 믿음을 사모하게 하시고
믿음 안에서 세상을 보는 능력을 터득하게 하소서.
사랑하는 사람을 사귈 때 더욱 만나고 싶듯이
하나님을 사랑하는 마음으로
하나님을 더욱더 배우고 동행하는 삶이 되게 하소서.
하나님을 알아가는 즐거움을 주시고
그러면서 하나님을 믿는 믿음이 굳세게 하시며
그 믿음으로 반석 같은 인생을 세워가게 하소서.
예수님의 이름으로 기도합니다. 아멘.

예수님의 마음을 품게 하소서

우리의 모범이 되시는 주님!
사랑하는 ＿＿를 위해서 기도합니다.

모든 것은 마음에서 시작되고
마음에서 비롯하오니 정결한 마음을 갖게 하소서.
마음이 바르지 못하면 세상이 다르게 보이며
부정적인 세계관이 자리 잡게 됩니다.
주님, 마음을 거룩하게 하시고
세상의 악한 것들이 마음에 들어오지 않게 하소서.
성결하고 참된 것만 마음에 품게 하시고
거짓되고 악한 것은 마음에 담지 않게 하소서.
악은 마음에 있는 악한 것이
밖으로 나오는 것임을 기억하고
선한 것을 사모하여 마음에 담게 하소서.
무엇보다도 예수님의 마음을 닮게 하소서.
겸손하고 온유하며 거룩하신 주님의 마음을 닮아
언제 어디서든지 주님의 형상을 드러내게 하소서.

자기 자신을 비우며 나보다 남을 더 낮게 여기고
종의 마음으로 남을 섬기는 마음을 주소서.
마음이 강퍅하지 않게 하시고
자기 자신을 절제하여
언제나 하나님의 말씀으로 마음을 다스리게 하소서.
자기를 드러내려는 교만함을 조심하고
언제나 하나님의 영광을 드러내는 빛 된 마음을 주소서.
어둠의 마음을 갖지 말고 빛 되신 주님을 모시는
옥토와 같은 마음이 되게 하소서.
주의 말씀을 마음으로 받아들이며 잘 깨닫게 하소서.
부드럽고 온유하며 따스한 마음을 주시어
모든 사람을 잘 받아들이고 사랑하게 하소서.
예수님의 이름으로 기도합니다. 아멘.

하나님과 이웃을 섬기는
종이 되게 하소서

섬기려고 종으로 오신 주님!
사랑하는 ＿＿를 위해서 기도합니다.

세상을 지배하고 으뜸이 되는 길은
다른 사람의 종이 되고 섬기는 자가 되어야 한다고
주님은 말씀하셨습니다.
기도하기는 ＿＿가
주님처럼 섬기는 종으로서 살게 하소서.
자기에게 주어진 능력을 잘 계발하여 이웃을 섬기고
하나님을 섬기는 데 힘써 사용하게 하소서.
자기를 드러내며 지배하려는 교만함을 조심하며
섬기는 자의 자세를 잃지 않게 하소서.

남을 잘 섬기기 위해서는
다른 사람의 아픔을 이해하는 것이 필요하오니
어려운 사람들과 같이 지내는 것을 좋아하게 하시고

그들을 이해하며 같이 친구가 되는 삶이 되게 하소서.
낮은 자들과 같이하며
그들에게 도움이 되는 사람이 되게 하소서.
하나님의 공평하심에 기여하는 사람이 되게 하시고
하나님의 나라를 세우는 리더가 되게 하소서.

어릴 때부터 다른 사람을 잘 섬기는 사람으로서
훈련을 잘 감당하게 하시고
종이 되는 것을 부끄러워하지 않게 하소서.
봉사하고 섬기는 일이 자연스럽게 몸에 배도록 하시며
희생하고 섬기는 일이 우선이 되게 하소서.
주님이 우리를 위해 자신을 모두 주셨듯이
____도 섬기는 사람으로 인생을 마치게 하소서.
예수님의 이름으로 기도합니다. 아멘.

하나님께
인생을 헌신하게 하소서

하나님의 나라를 위해 헌신하신 주님!
사랑하는 ____를 위해서 기도합니다.

나는 하나님의 선택된 귀한 존재임을 알게 하소서.
하나님의 부르심을 받은 자처럼 살게 하시고
어디에 가든지 하나님의 자녀로서 사명을 잃지 않게 하소서.
이 세상에 나를 태어나게 하신 것은
나를 위해 살라고 한 것이 아니라
하나님을 위해 헌신하라는 것임을 깨닫게 하소서.
이 세상에서 가장 가치 있는 삶은
하나님을 위해 인생을 드리는 것임을 알게 하소서.

지금 내가 하는 모든 노력과 훈련은
모두 하나님을 위해 헌신하기 위함임을 믿게 하시고
결국에는 하나님의 나라에
헌신하는 인물로서 쓰임받게 하소서.

부분적인 헌신이 아닌
자기의 모든 것을 바치는 믿음을 주소서.
옥합을 깨서 자기의 모든 소유를 주님께 드린 여인처럼
____도 자기의 모든 인생을 드려
하나님을 위해 헌신하는 사람이 되게 하소서.
주님께 헌신했던 위대한 사람을 늘 본받고
그런 사람처럼 살아가는 소망을 품고 살게 해주소서.

인간은 잠깐 왔다가는 짧은 인생임을 기억하여
영원한 구원을 주신 주님께 감사하며 주어진 인생으로
주님의 나라에 바쳐지는 제물로서 살게 하소서.
그것이 가장 성공적인 삶임을 믿게 하소서.
예수님의 이름으로 기도합니다. 아멘.

늘 긍정적인 소망을
갖게 하소서

소망과 위로의 주님!
사랑하는 ＿＿를 위해서 기도합니다.

무엇을 하든지 하나님을 바라보며
긍정적이고 소망적인 믿음을 갖게 하소서.
어떤 경우에도 소망을 저버리지 말고
하나님 안에 있는 위대함에 초점을 두게 하소서.
항상 웃으면서 인생을 매일 도전하게 하시고
실패할지라도 계속 일어서는 믿음을 주소서.
어떤 경우에도 비관적이거나
부정적인 생각을 갖지 말게 하시고
1%의 가능성이 있다 할지라도
그 가능성을 바라보며 담대히 나아가게 하소서.

믿음을 가진 사람은 믿음 하나만 있으면
모든 것을 할 수 있는 존재임을 알게 하시고

하나님의 자녀 됨의 자존심을 잃어버리지 않게 하소서.
그리 아니하실지라도 주님은 나와 함께하시고
그럼에도 불구하고 주님은 나를 기억하시고
결과가 없을지라도
주님은 여전히 나의 주님이심을 믿게 하소서.

항상 기뻐하고 쉬지 말고 기도하며 범사에 감사하고
하나님의 뜻을 기다리며 인내하게 하시고
언젠가는 하나님의 날이 나에게도 있음을 믿고
진리를 붙잡고 나아가게 하소서.
예수님의 이름으로 기도합니다. 아멘.

거룩한 성품과
따뜻한 감정을 위한 기도

어려운 고난을 통하여
인격을 다듬어가는 기회로 삼게 하시고
일시적인 성취와 결과보다는
인격에서 성공하게 하소서.
하나님 앞에 설 때 부끄러움 없는
영혼이 되게 하시고
예수님의 성품을 닮아가는,
그래서 하나님의 형상을 드러내는
거룩한 삶을 살게 하소서.

솔로몬의 명철과
지혜를 주소서

지혜의 근원이신 주님!
사랑하는 _____를 위해서 기도합니다.

세상을 이기는 것은 지혜임을 믿습니다.
세상에서 최고의 지식은
하나님을 아는 지식임을 믿습니다.
기도하기는 _____에게 지혜와 명철을 더해주소서.
무엇보다도 지혜와 명철을 사모하게 하시고
그것이 마음에 충만하게 하소서.

세상을 하나님의 지혜로 바라보게 하시고
솔로몬처럼 선과 악을 분별하는 지혜를 주셔서
하나님의 뜻을 실천하는 사람이 되게 하소서.
무엇을 해야 할지 몰라 방황하는 사람을
진리의 길로 인도하는 사람이 되게 하소서.

지혜 속에 지식을 더하여
하나님의 지혜로 충만하게 하시고
보이는 것을 넘어 보이지 않는 세계를 바라보는
영적 시야를 얻게 하소서.
보이는 대로 판단하지 말고
보이지 않는 것을 볼 수 있는 능력을 주소서.
말씀을 통해 지혜를 얻게 하시고
하나님이 만드신 자연을 통하여 지혜를 얻게 하소서.
예수님의 이름으로 기도합니다. 아멘.

옳은 인격과
성품을 갖게 하소서

거룩하신 은혜의 주님!
사랑하는 ____를 위해서 기도합니다.

하나님의 성품을 닮게 하소서.
인간의 죄악 된 성품을 제거해주시고
그 속에 성령의 아홉 가지 열매를 맺게 하소서.
옳은 인격을 갖게 하시고
그것으로 하나님께 영광을 돌리게 하소서.

세상의 악한 것을 본받지 말고
하나님의 거룩한 성품을 사모하며
그것을 자기 안에 품도록 하소서.
하나님의 거룩함과 공의와 사랑을 닮게 하시고
하신 말씀을 틀림없이 지키는 성실하신 하나님처럼
사람 앞에서나 하나님 앞에서나 언제든지
약속을 충실히 지키는 사람이 되게 하소서.

인격을 통하여 하나님의 사랑과 기쁨이

묻어 나오게 하시고

인격으로 주님을 증거하는 사람이 되게 하소서.

어려운 고난을 인격을 다듬어가는 기회로 삼게 하시고

일시적인 성취와 결과보다는 인격에서 성공하게 하소서.

하나님 앞에 설 때 부끄러움이 없는 영혼이 되게 하소서.

하나님의 인격을 닮음으로

사람들에게 하나님의 형상을 드러내게 하소서.

예수님의 이름으로 기도합니다. 아멘.

부드러운 마음을 주소서

자비가 충만하신 주님!
사랑하는 _____를 위해서 기도합니다.

죄로 물든 인간의 강퍅한 마음을
주의 말씀으로 씻어주소서.
수시로 나타나는 교만과 굳은 마음을
십자가의 피로 용서해주소서.
예수님처럼 인자하고 부드러운 마음을 주시고
사람을 대할 때마다 주님의 마음으로 대하게 하소서.

마음이 바르지 못하면
세상을 올바르게 볼 수 없사오니
무엇보다도 먼저 마음을 바르게 하여주시고
바른 태도로 모든 것을 바라보게 하소서.
선으로 악을 이기게 하시고
악한 마음에 물들지 않게 하시며
양처럼 순하고 부드러운 마음으로 가득하게 하소서.

부드러움이 약함이 아닌 것을 알게 하시고
강퍅한 사람을 부드러운 마음으로 변화시키는
사랑을 나타내게 하소서.
사람들을 너그럽게 바라보게 하시고
다른 사람을 배려하고 용납하는 마음을 가짐으로써
그리스도인의 모습을 잃어버리지 않게 하소서.

주위에서 아무리 마음을 굳게 하는 일이 있어도
그것에 굴하지 않고 끝까지 부드러운 마음을 유지하여
최후에 승리하는 사람이 되게 하소서.
감정에 사로잡히거나 환경에 이끌리지 않게 하시고
오직 진리 되신 주님만을 바라보며
마음의 평정을 유지하게 하소서.
예수님의 이름으로 기도합니다. 아멘.

감정을 잘 다스리게 하소서

소망과 위로의 주님!
사랑하는 _____를 위해서 기도합니다.

우리에게 감정을 주신 것을 감사합니다.
아픈 사람을 보면 아파하고
힘든 사람을 보면 같이 힘들어하고
웃는 사람을 보면 함께 웃고
우는 사람과 함께 울 수 있는
감정을 주신 하나님께 감사드립니다.
이렇게 소중한 선물인 감정을 잘 사용하게 하소서.

감정에 지배당하지 말게 하시고
감정을 잘 다스리는 사람이 되게 하소서.
사람들에 대해서 또는 하나님에 대해서
좋은 감정을 갖게 하시고
나쁜 감정이나 부정적인 감정을 갖지 않게 하소서.
감정을 아름다운 곳에 잘 사용하여

윤기 있고 활기 넘치는 삶을 사는 데 기여하게 하소서.
풍부한 감정을 주시어
삭막한 곳에 활기와 생기를 주게 하시고
절제된 감정을 통하여 메마른 곳에 윤기를 더하게 하소서.

사람들을 대할 때마다 감정이 앞서거나
너무 감정적으로 대하지 말게 하시고
이성과 균형 잡힌 자세를 갖게 하시어
인간미가 넘치는 사람이 되게 하소서.
하나님의 감동을 받아
다른 사람을 감동시키는 사람이 되게 하소서.
예수님의 이름으로 기도합니다. 아멘.

그리스도인의 정체성을
잃지 않게 하소서

진리와 은혜의 주님!
사랑하는 ___를 위해서 기도합니다.

세상 속에서 살아갈 때
언제나 자신의 정체성을 잃지 않게 하소서.
그리스도인의 삶을 살게 하시고
어디서든지 하나님의 자녀 됨을 증거하는
사람이 되게 하소서.
세상 사람들이 그리스도인을 비난하고 욕한다 할지라도
그리스도인의 자존감을 잃지 말게 하시고
그 가운데서도 고고하게
그리스도인의 모습을 드러내게 하소서.

악한 자리에 가지 말게 하시고
오만한 자의 모습에 휩싸이지 않게 하소서.
술이나 담배나 세상의 좋지 못한 문화에서

구별된 모습을 지니게 하시고
거룩한 하나님의 백성으로서 거룩한 나라의 시민으로서
품위를 유지하며 하나님의 영광을 위해 살게 하소서.
수시로 다가오는 주위의 압력과 협박이 있을지라도
끝까지 자기의 정체성을 포기하지 않게 하시고
어둠에서 빛의 모습을,
부패된 곳에서 소금의 역할을 잘 감당하게 하소서.

진리가 아닌 곳에는 가지 말게 하시고
하나님이 기뻐하지 않으시는 일에는 참여하지 않게 하소서.
최후의 승리는 그리스도인 됨에 있음을 알고
자기의 모습을 끝까지 지키게 하소서.
예수님의 이름으로 기도합니다. 아멘.

성경적 세계관을
갖게 하소서

이 세상을 창조하신 주님!
사랑하는 ＿＿를 위해서 기도합니다.

＿＿가 하나님이 말씀으로 만드신 세상을 맡은 청지기로서
삶을 잘 감당하게 하소서.
하나님은 세상을 창조하시고
마지막에 하나님의 형상을 닮은 인간을 만드셨습니다.
그리고 인간에게 생육하고 번성하며
땅을 정복하고 잘 다스리라고 하셨습니다.
세상에 창조된 피조물로서 하나님의 뜻에 맞게
다스리는 책임을 잘 감당하게 하소서.

세상을 볼 때 나의 틀에서 보지 말고
하나님의 세계관으로 바라보게 하소서.
하나님이 창조하신 세상을 사랑하게 하시고
죄악 된 인간의 모습을 고백하고

죄로 인한 하나님의 심판을 두려워하게 하소서.
회개하고 돌아오는 사람은
언제나 용서해주시고 은혜와 자비로
새롭게 하는 신실하신 하나님을 믿게 하소서.

세상의 모든 일이
하나님의 창조 질서 속에서 움직임을 알게 하시고
하나님의 계획과 예비하심을 거부하지 않게 하소서.
세상의 잘못된 세계관에 사로잡히거나
현혹당하지 않게 하소서.
하나님의 질서와 섭리를 믿고
하나님의 창조와 구원 계획을 바라보며
하나님의 대리자로
세상에서 사명을 감당하는 사람이 되게 하소서.
예수님의 이름으로 기도합니다. 아멘.

우선순위를
잘 정하게 하소서

모든 것의 근원이 되시는 주님!
사랑하는 ____를 위해서 기도합니다.

세상의 삶은 우선순위가 있음을 알게 하소서.
가장 먼저 해야 할 일을 하게 하시며
우선순위를 뒤바꾸는 잘못을 범하지 않게 하소서.
먼저 하나님의 나라와 의를 구하는 사람이 되게 하시고
그것에 인생의 가치를 두게 하소서.
모든 것을 하나님의 나라를 건설하는 데 사용하게 하시고
바른 목표를 가지고 자신의 인생을 바치게 하소서.

다른 것으로 성공하지 않게 하시고
하나님의 이름과 나라를 건설하는 것으로 성공하게 하소서.
무엇이 우선인지를 깨달을 수 있는 능력을 주시어
어느 곳에서든지 하나님 편을 선택하는 지혜를 주소서.
세상의 가치관과 유행을 좇지 않게 하시고

언제 어디서나 무엇을 하든지
하나님의 영광을 위해 행하게 하소서.

하나님을 선택함으로 닥치는 손해와 어려움을
두려워하지 않게 하시고
하나님으로부터 오는 복을 기대하면서 살게 하소서.
눈에 보이는 당장의 이득보다는
영원한 하나님의 나라에 가치를 두게 하시고
그것을 위해 결단하고 도전하는 인생이 되게 하소서.
예수님의 이름으로 기도합니다. 아멘.

공부의 즐거움을
만끽하게 하소서

창조와 지혜의 주님!
사랑하는 _____를 위해서 기도합니다.

학생으로서 공부하는 일이 즐겁게 하소서.
공부를 지겹게 생각하지 않고
공부를 통하여 희망과 꿈을 이루는 것임을 알게 하시고
주어진 공부에 최선을 다하게 하소서.
배움은 달고 즐거운 것임을 알게 하시고
평생 배움을 갖게 하소서.
어차피 해야 할 공부라면 즐기게 하시고
공부를 통하여 주시는 기쁨과 행복을 느끼게 하소서.

무엇보다도 하나님의 목적을 위해서
공부하는 비전을 주시고
생각하고 집중하는 능력을 더해주시어
공부에 좋은 효과가 나타나게 하소서.

공부는 하나님을 위해 하는 것임을 알고
더욱더 열심히 최선을 다하게 하소서.

알아야 할 것을 알게 하시고
필요한 가치를 터득하게 하소서.
진리되신 하나님을 배우는 일에 먼저 힘을 다하게 하시고
세상의 이치와 진리를 배우면서
하나님을 더 발견하는 기회가 되게 하소서.
공부는 미래의 성공을 위한 준비 과정임을 깨닫고
부족한 부분을 배우고자 하는 열정을 주시어
공부의 즐거움을 만끽하는 삶이 되게 하소서.
예수님의 이름으로 기도합니다. 아멘.

재능으로 하나님께
영광을 돌리게 하소서

능력과 지혜의 주님!
사랑하는 _____를 위해서 기도합니다.

하나님은 인간을 만드실 때 재능을 주셨습니다.
하나님이 _____를 태어나게 하실 때에도
천부적인 재능을 주셨음을 믿게 하시고
그것을 사모하게 하소서.
하나님이 주신 재능을 잘 발견하여
그것으로 하나님께 영광을 돌리게 하소서.
남과 비교하여 부러워하지 않게 하시고
나만이 갖고 있는 하나님의 은사를 발견하여
그것을 지속적으로 계발하게 하소서.

재능은 나를 위해서가 아니라 하나님과 이웃을 위해
사용하라고 주신 것임을 알게 하시고
그것을 잘 사용하여 이웃과 나라를 행복하게 하는 일에

기여하게 하소서.

탁월한 재능이 되도록 훈련하고 노력하여

하나님의 위대하심이 ＿＿＿를 통하여 나타나게 하시고

하나님의 자녀라는 것을

만방에 알리는 하나님의 도구가 되게 하소서.

＿＿＿의 재능이 필요한 곳에 잘 사용되어

하나님의 뜻을 이 땅에서 이루게 하소서.

기도하고 말씀 안에서 하나님의 뜻을 깨달아서

＿＿＿에게 주신 하나님의 달란트를 발견하게 하소서.

가능한 빨리 발견하여

그것을 하나님을 위해 사용하게 하소서.

예수님의 이름으로 기도합니다. 아멘.

집중력을 갖게 하소서

흔들림 없는 능력의 주님!
사랑하는 ____를 위해서 기도합니다.

목표를 정하고 한곳에 집중하는 능력을 주소서.
공부하기로 마음을 먹었다면
정신을 집중할 수 있도록 하소서.
책을 읽기로 하였다면 작심삼일이 되지 않게 하시고
그것에 집중하여 이루게 하소서.
예배드릴 때에도 집중하게 하시고
성경 공부를 할 때도 집중하게 하시며
기도할 때도 하나님께만 집중하게 하소서.

살아가면서 하나님만 바라보는 집중력으로
주어진 모든 일에 집중하는 힘을 주소서.
집중함으로 나타나는 놀라운 효과를 스스로 경험하면서
그것을 잘 활용하게 하소서.
마음의 번민과 두려움을 몰아내게 하시고

하나님이 나와 함께하심을 믿고
주어진 일에 최선을 다하며 집중하는 힘을 주소서.
내가 집중하려고 하기보다는
성령께서 도와주시는 힘으로 집중하게 하소서.
예수님의 이름으로 기도합니다. 아멘.

목표를 세워 비전을
따라가게 하소서

우리의 비전이 되시는 주님!
사랑하는 ____를 위해서 기도합니다.

하나님의 목적을 분명하게 갖게 하시어
그 목적이 ____를 이끌어가게 하소서.
내가 나의 삶을 살려면 힘들지만
하나님이 비전을 주시어 그 비전이 나를 이끌게 하면
능히 어려움을 극복할 수 있사오니
하나님의 뜻을 구하는 일에 열정을 품게 하소서.

아브라함이 말씀을 좇아 갈대아 우르를 과감히 떠나
하나님이 지시하시는 땅으로 나아갔듯이
____에게도 말씀에 사로잡히는 은혜를 주시어
그 말씀을 이루는 인생이 되게 하소서.
가슴에 요셉과 같은 꿈을 갖게 하시며
일생에 모세와 같은 사명감을 갖게 하시고

바울과 같은 복음의 열정을 갖게 하소서.

분명하지 않은 목적은 하나님의 은혜로
분명하게 설정하게 하시고
바르지 못한 목적은 말씀으로 바르게 하시며
일시적인 목적은 하나님의 나라를 바라보는
영원한 비전이 되게 하소서.
가능한 일찍 목적을 발견하여 방황하지 않고
하나님의 나라를 위해 아름답게 사용되는
선한 일꾼이 되게 하소서.
예수님의 이름으로 기도합니다. 아멘.

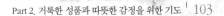

생각의 날개를 달게 하소서

지혜와 총명의 주님!
사랑하는 ＿＿를 위해서 기도합니다.

생각하는 사람이 되게 하여주소서.
무엇을 할 때 그냥 아무 생각 없이 하지 않게 하시고
이것이 옳고 그른지를 판단하여
그것에 따라 행동하게 하소서.
하나님의 뜻과 인간의 생각에서 갈등할 때
하나님의 옳은 뜻을 선택할 수 있는 지혜를 주소서.

육신적인 즐거움에 따라 살다 보면 생각이 무뎌지고
느끼고 보이는 대로 판단하기 쉬운데
이제부터는 바른 선택을 위하여
말씀을 깨달아 순종하는 복된 삶이 되게 하소서.
생각의 날개를 달아주셔서 하늘까지 날아가게 하소서.
생각하는 깊이와 높이와 넓이와 길이가
주님의 장성한 분량까지 이르러

하나님이 주시는 은혜대로
생각의 폭이 넓어지게 하소서.

성경적인 사고 능력을 주시며
말씀을 바탕으로 논리적이고 합리적인
판단을 할 수 있는 지혜도 함께 주소서.
다른 사람이 생각하는 것 이상의 것을
바라보고 생각하게 하시고
다른 사람이 느끼지 못한 것을 느끼면서
새로운 것을 창조해내는 능력을 더해주소서.
예수님의 이름으로 기도합니다. 아멘.

지식의 은사를 더하여 주소서

지혜가 충만하신 주님!
사랑하는 _____를 위해서 기도합니다.

하나님이 주신 이성과 지성을 잘 발달시켜
이성으로 생각할 수 있는 것을 깨달아 알게 하시며
세상에 보여주신 하나님의 뜻을
이 세상에 드러내는 비전을 갖게 하소서.

지식의 은사를 주시어 깨닫는 은혜를 더해주소서.
세상이 생각하지 못하는 지혜의 생각을 하기 위해서
하나님의 전적인 역사가 필요합니다.
지식의 은사를 주시어
하나님의 숨은 비밀을 드러내게 하시고
지식과 지성을 통해 하나님을 증거하게 하소서.

수많은 지식인에게 복음의 은혜를 전하게 하시며
하나님을 만나는 역사를 _____를 통하여 이루게 하소서.

많은 지식을 가지고 있음에도
하나님을 영화롭게도 아니하고
자기의 이름만 드러내려는 세상 속에서
____는 오직 주의 이름만 드러내는 사람이 되게 하소서.

하나님을 알고 믿을 수 있는 은혜를 주셨음을 깨달아
감사가 넘치는 삶이 되게 하시고
이제부터는 내가 믿는 하나님을
세상에서 담대히 전하는 삶이 되게 하소서.
예수님의 이름으로 기도합니다. 아멘.

좋은 취미를 갖게 하소서

풍성하신 좋으신 주님!
사랑하는 _____를 위해서 기도합니다.

살아가면서 많은 것을 취하고 찾게 되는데
그중에서 좋은 취미를 갖게 하소서.
하나님을 사랑하며
이웃을 행복하게 하는 취미를 즐기게 하소서.
취미를 통하여 신앙이 자라게 하시고
마음이 풍성하게 하소서.
취미생활을 통하여 사랑과 정열과 평화를 품게 하시고
하나님 안에 거하는 은혜를 주소서.

세상에는 갖고 싶고 하고 싶은 일이 많은데
자칫하면 잘못된 취미에 빠져 하나님을 잊어버리고
자기를 잃어버리는 경우가 있습니다.
올바른 취미생활을 통하여 지성과 감성과 신앙이
균형 있게 자라가는 기회가 되게 하소서.

취미를 통하여 넓은 세계관을 갖게 하시고
알지 못했던 사실을 알게 되면서
새로운 세계를 경험하게 하소서.
취미를 갖되 다양한 취미를 경험하게 하시고
그것을 통하여 하나님의 은혜를 경험하는
놀라운 축복의 계기가 되게 하소서.
예수님의 이름으로 기도합니다. 아멘.

상상력이 풍부하게 하소서

지혜가 충만하신 주님!
사랑하는 _____를 위해서 기도합니다.

하나님을 알아가면서 높은 상상력을 갖게 하소서.
최고의 상상력은
하나님을 사랑하면서 얻는 것임을 알게 하시고
날마다 하나님의 마음을 품고 하나님의 생각을 찾아가면서
놀라운 상상력이 깊어지게 하소서.

거룩한 상상력을 주시고
세속적이고 악한 상상력은 멀리하게 하소서.
하나님을 거역하고 하나님이 싫어하시는 상상력은 거부하고
하나님이 만드신 세상을 아름답게 창조해 나가며
더욱더 좋은 세계를 만드는 일에
마음과 생각을 펼치게 하소서.

말씀을 읽을 때, 기도를 드릴 때, 예배할 때도

영적 상상력을 갖게 하시고
높으신 하나님을 만나는 경험을 갖게 하소서.
수천 년 전에 일어났던 하나님의 역사를
말씀을 통하여 경험하는 상상력을 주소서.
예레미야와 에스겔과 다니엘과 요한과 같은
상상력을 주소서.

하나님이 주신 상상력을 가지고
학교에서 공부할 때, 자기의 일을 찾아 갈 때,
주어진 일을 감당할 때
기대 이상의 놀라운 역사를 이루게 하소서.
하나님의 자녀 됨을 증거하게 하소서.
예수님의 이름으로 기도합니다. 아멘.

창의력이 넘치게 하소서

창조의 근원이신 주님!
사랑하는 ＿＿를 위해서 기도합니다.

고정관념이나 편견에 사로잡혀
더 이상 전진하지 못하는 사람이 되지 않게 하시고
새로운 것을 찾아 창의력을 발휘하는 은혜를 주소서.
하나님의 창조하심을 본받아
매 순간 새로운 것을 만들어가게 하시고
변화하는 세상 속에서 의미 있고 가치 있는
새로움을 더하게 하소서.

학교나 사회에서 창의력을 갖고 잘 적응하게 하시고
기존의 것을 그대로 답습하는 사람이 되지 말게 하소서.
하나님이 주신 새로움을 가지고
창의력을 발휘하는 능력의 사람이 되게 하소서.
이 세상에는 하나님이 만드신 것이 많습니다.
아직까지 발견하지 못한 하나님의 진리를 발견하여

주님의 은혜를 드러내게 하소서.

열정에 창조적 능력을 더하셔서 하는 모든 일에서
하나님의 감동을 드러내는 사람이 되게 하소서.
진리 속에서 새로움을 발견하는 지혜를 주시고
진리를 생활에 잘 실천하게 하소서.
창의력이 풍부한 사람들을 만나게 하여주시고
성경 말씀을 통하여
놀라운 상상력과 창의력을 터득하게 하소서.
예수님의 이름으로 기도합니다. 아멘.

모두에게 친밀감을
갖게 하소서

온유와 진리의 주님!
사랑하는 ＿＿를 위해서 기도합니다.

다른 사람을 사랑하고 친절히 대할 수 있는
마음을 주신 것을 감사합니다.
시간이 가면서 지금보다 더 많은 친밀감을 주소서.
자기를 좋아하는 사람에게 뿐만 아니라
만나는 누구에게든지 친절하게 대하는 마음을 주소서.
자주 만나는 사람에게 뿐만 아니라
처음 보는 낯선 사람에게도 친절히 대하게 하소서.

사람을 대할 때 친밀감을 갖게 하소서.
사람을 부정적으로 보지 말고 긍정적으로 바라보게 하시고
단점을 보기보다는 장점을 보게 하시며
따스한 마음으로 사랑을 전하는 사람이 되게 하소서.

하나님이 만드신 세상은 보기에 좋은
아름다운 세상임을 찬양하며 살게 하시고
그런 은혜 속에서
만나는 사람들에게 온유하고 겸손히 대하게 하소서.
주님이 모든 사람에게 친밀감으로 다가가셨듯이
주위 사람들에게 그리스도의 친절함을 베풀게 하소서.
예수님의 이름으로 기도합니다. 아멘.

삶에 잘 적용하는
힘을 주소서

삶의 소망이신 주님!
사랑하는 ＿＿＿를 위해서 기도합니다.

하나님에 대해서 머리로만 그치지 말고
마음에 깨달음을 주셔서
생활에 잘 적용할 수 있는 힘을 주소서.
하나님을 믿는 믿음이 생활에 묻어 나오게 하소서.

지식으로만 그치던 많은 내용이
생활에서 그리스도의 사랑을 실천하는 모습으로
변화되게 하소서.
아무리 좋은 것이라도 실제 생활에 적용되지 않고
실천할 수 없는 것은 죽은 것이오니
구체적인 현장에서 삶을 변화시키고
이웃에게 행복을 주는 그런 삶이 되게 하소서.

믿는 것을 단호하게 실천할 수 있는 능력을 주시고
실천 때문에 다가오는 손해와 어려움을 무서워하지 말고
주님을 믿는 믿음으로 도전하게 하소서.
믿음의 기간이 길어질수록
말씀대로 살고자 하는 능력을 주소서.
말씀이 육신이 되어 이 세상에 오신 주님의 모습처럼
배우고 깨달아서 습득한 진리대로
삶에 잘 적용할 수 있도록 인도하여 주소서.
예수님의 이름으로 기도합니다. 아멘.

강점을 발견하여
계발하게 하소서

모든 것의 근원이 되시는 주님!
사랑하는 ＿＿를 위해서 기도합니다.

주님을 알고 믿게 하심을 감사합니다.
주님을 믿는 자녀에게는 하나님 자녀의
권세를 주셨음을 믿습니다.
주님의 자녀에게는
누구에게나 강점을 주신 것 또한 믿습니다.
나에게 주신 강점이 무엇인지 발견하게 하시고
그 강점을 잘 계발하여
주님의 영광을 드러내는 데 사용하게 하소서.

자기 힘으로 하려고 하지 말고 주님이 주신 은혜와
지혜로 인생을 살아가게 하소서.
다른 사람과 비교하지 말고
나에게 주신 강점을 찾을 수 있도록

열정과 지혜를 주소서.
숨겨진 보화를 찾아 그것을 잘 다듬고 가꾸어
아름다운 열매를 맺게 하시고
더 나아가서 모든 사람에게
하나님의 이름을 높이는 삶이 되게 하소서.

자기에게 주신 강점을 감사하게 생각하며
그것을 집중 계발하여 극대화하게 하소서.
그것을 통해 천재적인 능력을 발휘하여
주님의 영광을 위해 사용하게 하소서.
예수님의 이름으로 기도합니다. 아멘.

기억력이 높아지게 하소서

지혜와 총명의 근원이신 주님!
사랑하는 ＿＿를 위해서 기도합니다.

사람에게 기억할 수 있는 능력을 주신 것 감사합니다.
기억나게 하시는 성령님께서 ＿＿에게 은혜를 주시어
기억하지 말아야 할 것은 기억나지 않게 하시고
꼭 기억할 것은 기억하게 하소서.
필요한 때에 기억하게 하시고
하나님의 일에 사용되게 하소서.

특히 진리에 대한 기억력이 넘치게 하시고
학교 공부에서 잊어버리지 말고
유익한 것을 기억나게 하시어
주어진 과제를 잘 해결하게 하소서.
한번 기억하기로 마음먹은 것은
오랫동안 기억하게 하시어
사명을 감당하는 일에 잘 사용되게 하소서.

기억하게 하시는 분도 하나님이요
기억하지 않게 하시는 분도 하나님임을 믿습니다.
하나님의 때에 필요한 것을 잘 기억하여
하나님의 사람으로 우뚝 서는 데 사용되게 하소서.
예수님의 이름으로 기도합니다. 아멘.

다양한 것을 해석하는
사고력을 주소서

사고력이 풍성하신 주님!
사랑하는 ＿＿＿를 위해서 기도합니다.

우리가 사는 세상은 알아야 할 것과
배워야 할 것이 너무나 많습니다.
아무것이나 모두 섭취해서는 안 되고
필요하고 유익한 것만을 잘 선택하여 사용해야 하는데
＿＿＿에게 다양한 것을 잘 해석하여 습득할 수 있는
사고력과 분별할 수 있는 지혜를 허락해주소서.

보인다고 다 보지 말게 하시고
들린다고 다 듣지 않게 하시며
잡힌다고 다 잡으려 하지 않게 하소서.
겉으로 나타난 것만을 보지 말고
안에 숨겨진 것을 잘 분별하는 능력을 주시어
하나님이 원하고 기뻐하시는 것을 구별해내고

해석할 수 있는 사고력을 더해주소서.

생각할 수 있는 힘을 주신 하나님,
문제의 본질을 잘 파악하고
주어진 상황을 바르게 해석하여
삶에 적용할 수 있는 은혜를 주소서.
예수님의 이름으로 기도합니다. 아멘.

좋은 질문을 하게 하소서

좋으신 은혜의 주님!
사랑하는 ____를 위해서 기도합니다.

인간이 죄를 지었을 때
"네가 어디 있느냐?"라고 질문하시면서
먼저 찾아오셔서 사랑을 보이신 하나님을 기억합니다.

____에게 답은 곧 질문을 통해서 이루어짐을 알게 하시고
좋은 질문을 할 수 있는 지혜를 주소서.
주어진 문제에 대해서
호기심을 가지고 질문하는 힘을 주시고
좋은 질문을 통하여 원하는 답을 찾아내게 하소서.

학교와 공부에서뿐만 아니라
인생에 대해서도 질문하게 하시고
특히 하나님에 대해서 계속 질문하면서
하나님을 깊게 알아가게 하소서.

하나님께 질문하면 하나님은 언제나 대답해주시고
누구든지 구하면 응답해주시는 분임을 믿게 하소서.

질문을 통하여 사고력과 창의력을 얻게 하시고
열린 마음을 가지고 적극적으로 질문하는 능력을 주소서.
다양한 상황에서 새롭게 바라볼 수 있는 눈을 주시고
질문을 통하여 깊은 진리에 이르는 은혜를 허락하소서.
예수님의 이름으로 기도합니다. 아멘.

모든 것에 응용할 수 있는
능력을 주소서

우리의 생각을 주장하시는 주님!
사랑하는 _____를 위해서 기도합니다.

한 사건을 하나로만 보지 말고
다양하게 볼 수 있는 창조적인 눈을 갖게 하시고
그 능력으로 다양한 상황에서 적절하게
대처할 수 있는 응용력을 주소서.
복잡한 문제들을 잘 풀어내며
고정관념이나 편견에서 벗어나
새롭게 사고할 수 있는 힘을 주소서.

보이는 것이 전부가 아님을 깨닫게 하시고
숨어 있는 저 너머의 세계를 경험하게 하시며
그것을 찾아내며 새롭게 응용할 수 있는 능력을 주소서.
이것들은 인간의 힘으로는 부족하고
오직 하나님의 은혜가 함께할 때 가능하오니

____에게 하나님의 신비로움까지 발견할 수 있는
힘을 주시어 이 세상에 주의 이름을 널리
드러내는 하나님의 사람이 되게 하소서.

내 생각이 전부임을 고집하는 자만심에 빠지지 않고
열린 사고력으로 겸손히 자연을 대하게 하시며
해결하기 어려운 문제들에 잘 응용하게 하소서.
예수님의 이름으로 기도합니다. 아멘.

선과 악을 분별하는
힘을 주소서

선악을 판단하시는 주님!
사랑하는 ＿＿를 위해서 기도합니다.

지혜의 주님께 지혜를 구하게 하소서.
후히 주시고 꾸짖지 않으시는 주님에게
신령한 지혜를 구하게 하소서.
솔로몬과 같은 능력을 주셔서 옳고 그름을 잘 구별하여
선한 일에 사용되는 사람이 되게 하소서.
이 세상은 선과 악이 난무하여
무엇이 옳은지 분별하기 어렵습니다.

인간은 본래 악한 존재입니다.
그래서 인간의 생각의 마지막은 항상 악한 것임을 압니다.
이런 인간을 의지하지 말고
오직 하나님에게 지혜를 구하게 하소서.

기도하기는 _____에게 하나님의 은혜를 주시어
선한 것을 볼 수 있는 영적 능력을 주소서.
세상 사람들의 말에 쉽게 현혹되지 않게 하시고
하나님이 원하시는 일이 무엇인지 늘 생각하여
하나님의 마음에 합당한 선택을 하게 하소서.

이것을 위해서는
선과 악을 분별하는 지혜가 절대적으로 필요하오니
사랑하는 _____에게 지혜를 주시어
이 능력으로 세상을 이겨내게 하소서.
세상은 인간의 경험과 지식으로 사는 것이 아니라
하나님이 주시는 지혜로 사는 것임을 깨닫게 하시어
하나님의 은혜를 간절히 사모하게 하소서.
어디에 가든지 악한 자의 자리에 앉지 않고
교만한 사람의 편에 들지 않으며 진리에 충성하게 하소서.
예수님의 이름으로 기도합니다. 아멘.

자존감을 갖게 하소서

세상을 창조하신 주님!
사랑하는 ____를 위해서 기도합니다.

하나님께서 ____를 세상에 태어나게 하시고
구원의 은혜를 베풀어주신 사랑을 확신하게 하소서.
언제 어디서든지 하나님의 사람으로서
당당히 자존감을 갖고 서게 하시고
해야 할 말을 하게 하시며
하나님의 뜻을 행하는 용기를 갖게 하소서.
무슨 일을 하든지 누구를 만나든지
나는 하나님의 거룩한 자녀라는 긍지를 갖고
세상의 판단이나 비교에 굴하지 않으며
말씀에 따라 자기를 존중하는 마음을 갖게 하소서.

주위 환경이나 배경에 위축되거나 주눅 들지 않고
나를 위해 주님이 피 흘려 죽으신
십자가의 은혜를 받은 대단한 사람이며

특별히 하나님의 사명을 받은 존재임을 기억하게 하소서.
하나님이 함께하면 능치 못할 일이 없다는 믿음을 가지고
자기가 하고 싶은 일보다 하나님이 기뻐하시는 일에
적극적으로 자신을 헌신하게 하소서.
예수님의 이름으로 기도합니다. 아멘.

자신감을 갖고
도전하게 하소서

믿음과 능력의 주님!
사랑하는 ＿＿를 위해서 기도합니다.

하나님을 믿는 것이 최고의 자신감인 것을 믿게 하소서.
하나님 없는 자신감을 갖지 말고
하나님 앞에서 자신감을 갖게 하소서.
하나님 없는 자신감은 오히려 커질수록 교만함이 더하고
자기를 의지하는 힘이 강하므로
하나님을 멀리 할 수 있사오니
기도하기는, 하나님을 믿는 믿음 안에서
자신감을 갖게 하소서.
하나님이 함께하면 능치 못할 일이 없음을 믿고
이런 확신으로 맡겨진 일에 최선을 다하게 하소서.

불가능하다고 생각하는 일일지라도
믿음 안에서 자신감을 가지고 기도하면서

도전하게 하시고 믿음으로 시도하게 하소서.
교만한 자신감은 버리게 하시고
겸손한 자신감을 갖게 하소서.
하나님 앞에서 자신의 존재를 바르게 인식하고
가치를 절하하거나 무시하지 않게 하소서.
어떤 경우에도 쉽게 포기하거나 물러서지 않으며
사람 앞에 설 때나 일할 때 자신감을 주시고
자신의 생각을 잘 말하고 표현하게 하소서.
예수님의 이름으로 기도합니다. 아멘.

담대함과 용기를
갖게 하소서

용기와 능력의 근원이신 주님!
사랑하는 ____를 위해서 기도합니다.

무슨 일을 할 때 의기소침하거나 소심하지 않게 하시고
담대하게 용기를 가지고 앞으로 나아가게 하소서.
"마음을 강하게 하고 담대히 하라.
두려워 말며 놀라지 말라.
네가 어디로 가든지
네 하나님 여호와가 너와 함께 하느니라"고 하시면서
여호수아에게 주셨던 하나님의 위로의 말씀을
마음에 새기고 주어진 일들을 담대히 잘 감당하게 하소서.

담대함과 용기는
하나님을 믿는 믿음에서 나오는 것인 줄 아오니
일상에서 하나님을 의지하는 믿음을 주시고
말씀을 통하여 확신을 얻게 하소서.

세상의 물질에서 힘을 얻지 말고
오직 말씀에서 힘을 얻게 하소서.
이스라엘 백성이 요단강을 가르고 여리고를 무너뜨린
용기와 담대함을 ____에게도 주소서.
인생 속에서 어떤 장애물이 앞을 가로 막아도
그것을 헤쳐 나가는 담대함과 용기를 주시고
하나님이 함께하심을 믿고
날마다 새로운 도전을 즐기게 하소서.
예수님의 이름으로 기도합니다. 아멘.

삶의 여유를 주소서

넉넉히 이기게 하시는 주님!
사랑하는 ＿＿를 위해서 기도합니다.

바쁜 일상생활에서 삶의 여유를 가지고 살아가게 하소서.
적절하게 생활의 균형을 잡게 하시고
일의 노예가 되지 않게 하소서.
아무리 바쁘더라도 일주일에
하루를 쉴 수 있는 여유를 갖게 하시고
잠시 한적한 시간을 내어 기도하는 생활이 되게 하소서.

자신에게만 바쁘지 말고
삶의 여유를 가지고 이웃을 돌아보며
어려운 자를 살피는 여유를 갖게 하소서.
고통 속에서도 웃음을 잃지 않게 하시고
기꺼이 손해 볼 수 있고 양보할 수 있는 여유를 주소서.
넉넉한 마음으로 사람에게 훈훈함을 전하게 하시고
자신을 돌아보고 하나님을 바라보는 여유를

놓치지 않게 하소서.

일에 지배당하지 말고
오히려 일을 지배하면서 즐기게 하시고
일을 통하여 하나님의 은혜를 깨닫는 여유를 주소서.
예수님의 이름으로 기도합니다. 아멘.

좋은 동기와
태도를 갖게 하소서

좋으신 은혜의 주님!
사랑하는 ＿＿를 위해서 기도합니다.

업적이나 결과에 매이지 않게 하시고
좋은 태도와 바른 동기로 일하게 하소서.
아무리 좋은 것이라도 동기가 나쁘면 결과가 좋지 않고
자신에게도 행복하지 않음을 믿습니다.
기도하기는 무슨 일을 하든지 누구를 대하든지
선한 동기와 진실한 태도로 대하게 하소서.
비록 자신에게 일시적인 손해가 오고
당장 이루어지지 않는다 해도
인간적인 방법으로 계략을 사용하지 않게 하시고
당장 결과가 없더라도 묵묵히 인내하면서 살게 하소서.

하나님은 결과와 성취를 보기보다는
언제나 동기와 태도를 보심을 기억하여

마음을 세상에 빼앗기지 않게 하소서.
악한 동기로 일을 계획하지 않게 하시고
진실을 믿고 처음과 시작이 같은 마음으로 대하게 하소서.
사람의 칭찬이 없으면 하나님의 칭찬이 있음을 믿고
올바른 일에 인생을 드리는 사람이 되게 하소서.
예수님의 이름으로 기도합니다. 아멘.

어려움을 잘 참는
인내심을 주소서

오래 참으시는 주님!
사랑하는 ＿＿＿를 위해서 기도합니다.

주님은 십자가에서 힘든 고통을 잘 참으시고
하나님의 뜻을 이루셨습니다.
주님의 모습을 본받아
의롭고 진실한 일에 삶을 바치게 하소서.
살아가면서 어려운 일과 고통이 닥칠지라도
잘 이길 수 있는 인내심을 주소서.
그리하여 인내로 믿음을 이루게 하소서.
하나님을 믿는 믿음으로 오래참고 기다리게 하시고
언젠가는 하나님이 응답해주심을 믿고
최후까지 진실함으로 대하게 하소서.

쉽게 포기하고 힘들어하는 연약한 인간에게
끝까지 기다리고 하나님을 의지하는 믿음을 주소서.

자신을 의지하면 오래 참기 어렵지만
하나님을 의지하면 오래 참을 수 있음을 알게 하소서.
주님은 부당한 고난을 잘 참으셨습니다.
욕하는 사람을 향해 욕하지 않으시고
저주하는 사람에게 오히려 축복하고 기도했습니다.
____에게도 이런 믿음을 주시어 어려움을 당할 때
불평과 원망을 하지 않게 하시고
욥처럼 참고 견디는 믿음을 주소서.
하나님이 채워주심을 믿고 기다리게 하소서.
예수님의 이름으로 기도합니다. 아멘.

생기 넘치는
건강한 신체를 위한 기도

하나님이 주신 몸을
하나님의 뜻에 맞게 사용할 수 있는
지혜를 주소서.
음식을 잘 소화할 수 있게 하시고
무슨 음식이든 맛있게 먹을 수 있도록
몸의 저항력을 강하게 하시어
나쁜 세균을 이길 수 있게 도와주소서.
피곤하거나 지치지 않게 하시고
날마다 독수리 같은 힘을 허락해주소서.

건강한 육체가 되게 하소서

자비와 은혜의 주님!
사랑하는 ____를 위해서 기도합니다.

하나님이 주신 몸을 잘 관리하여
건강한 몸으로 성장하게 하소서.
몸의 모든 기능이 잘 작용하게 하시고
균형 있는 몸으로 성장하게 하소서.
건강한 신체를 주시되 자기를 위해서 사용하지 말고
하나님의 영광을 나타내는 데 사용하게 하소서.
건강한 몸을 통하여 하나님을 잘 섬기며
하나님이 주신 사명을 잘 감당하게 하소서.
몸이 병들지 않게 하시며
과로하지 않고 적절한 휴식으로
건강이 잘 유지되도록 도와주소서.
평생 건강의 복을 허락하시어
하나님의 나라를 건설하는 데 주역이 되게 하소서.

몸이 아픔으로 인하여 하나님의 일을 하는 데
걸림돌이 되지 않게 하시고
건강한 육체를 통하여
거룩한 영혼도 함께 이루어지게 하소서.
몸을 학대하거나 함부로 대하지 말게 하시고
하나님이 주신 몸을
하나님의 뜻에 맞도록 사용하는 지혜를 주소서.
음식을 잘 소화할 수 있도록 하시고
무엇이든지 맛있게 먹을 수 있는 입을 주소서.
몸의 저항력을 강하게 하시어
나쁜 세균을 이길 수 있게 하시고
피곤하거나 지치지 않도록
독수리 같은 힘을 날마다 허락해주소서.
예수님의 이름으로 기도합니다. 아멘.

하나님의 이름을 드러내는
외모가 되게 하소서

영광을 받으시기에 합당하신 주님!
사랑하는 ＿＿＿를 위해서 기도합니다.

아름다운 외모를 주신 하나님께 감사드립니다.
주신 외모에 대해 자신감을 갖게 하시고
외모를 잘 가꾸게 하소서.
하나님이 창조하신 모습 그대로 사랑하게 하시고
다른 사람과 비교하지 않게 하소서.
혹시라도 외모를 통하여 자기를 드러내는
교만함을 갖지 않게 하시고
청결하고 아름다운 외모를 통하여
하나님의 이름을 드러내게 하소서.
예수님의 향기가 외모를 통하여 풍겨나게 하시고
사람들에게 예수님의 사랑의 편지가 되게 하소서.

옷을 입거나 몸을 가꿀 때도

세상적인 모습이 아닌 주님의 모습을 드러내게 하소서.
자기에게 주신 외모를 통한 강점을 발견하게 하시고
그것을 감사하게 여기며 잘 가꾸어 나가게 하소서.
나의 외적 매력을 찾아서
하나님의 선물임을 자랑하게 하소서.
몸과 마음이 하나 되는 아름다움을 주소서.
옷을 입을 때도 조화와 균형을 이루는 센스를 주시고
너무 지나치지 않고 절제된 외모 관리로
만나는 사람들에게 호감과 은혜를 끼치게 하소서.
예수님의 이름으로 기도합니다. 아멘.

입술에 파수꾼을 주소서

거짓 없이 진실하신 주님!
사랑하는 ＿＿＿를 위해서 기도합니다.

입술의 소중함을 알게 하시고
찬양하는 입술이 되게 하소서.
한 입으로 두 말하지 않고
오직 진실 된 언어만 사용하게 하소서.
한 입으로 찬송과 저주가 나오지 않고
오직 주님만을 찬양하고
이웃을 사랑하는 입술이 되게 하소서.

사람은 입술로 죄를 짓는 경우가 많은데
입술을 잘 관리하여 남에게 상처를 주거나
힘들게 하는 일이 없게 하시고
은혜를 끼치는 말과 언어로 무장하여
항상 사람들에게 덕을 끼치며
사랑을 전하는 언어의 전도자가 되게 하소서.

입술에 파수꾼을 세우사 함부로 말하지 않게 하시고
기도하면서 하나님이 말씀하시는 것같이
일상에서 대화할 수 있도록 인도해주소서.

입술로 사람을 죽이거나
어려움에 빠뜨리는 중상모략을 하지 않고
언제나 사람을 살리고 회복시키며
위로하는 말을 하게 하소서.
하나님이 주신 입술을 잘 사용하여
하나님의 나라가 더 확장되게 하시고
하나님의 말씀을 전하고 가르치는
선한 도구가 되게 하소서.
예수님의 이름으로 기도합니다. 아멘.

육체적 정욕을
절제할 수 있는 힘을 주소서

온유하고 자비로우신 주님!
사랑하는 _____를 위해서 기도합니다.

건강한 육체를 주신 것에 감사드립니다.
하나님이 주신 육체를 소중하게 사용하게 하소서.
우리 몸이 성령께서 거하시는 거룩한 성전임을 기억하여
내 마음대로 함부로 사용하지 않게 하시고
하나님이 원하시는 모습으로 육체를 사용하게 하소서.
무엇보다도 절제하는 능력을 주시어
세상의 육체적 즐거움에 빠지지 않게 하소서.
적절히 절제하면서 평정심을 유지하게 하시고
한쪽으로 치우쳐 몸을 망치는 일이 없도록 인도해주소서.

육신은 죄악에 사로잡힌 것임을 인식하여
성령님의 능력으로 늘 절제하게 하시고
육신의 정욕에 이끌리는 일이 생기지 않도록 도와주소서.

육신에 지배당하여 정신을 잃어버리거나
육신의 감각을 좇아
세상의 쾌락이나 즐거움에 빠지지 않게 하소서.

육신의 즐거움을 좇는 세상 문화에 길들지 않게
주의 말씀으로 육신을 제어하게 하시고
성령님의 지배를 받는 거룩한 몸으로 성장하게 하소서.
하나님을 섬기며 복음을 전하는 일에
육신이 사용되게 하소서.
날마다 거룩한 몸을 이루게 하소서.
예수님의 이름으로 기도합니다. 아멘.

좋은 습관을 갖게 하소서

평강과 은혜의 주님!
사랑하는 ____를 위해서 기도합니다.

한번 잘못된 습관은 평생을 좌우할 수 있습니다.
간절히 기도하기는 거룩하고 좋은 습관을 길들이게 하소서.
기도하는 습관, 성경 읽고 공부하는 습관을 갖게 하시고
게으르고 나태한 습관을 버리게 하소서.
말만 하고 행동으로 옮기지 않는
잘못된 습관에서 벗어나게 하시고
말한 것을 책임지는 습관을 길들이게 하소서.

나쁜 습관을 갖게 하는
죄악 된 환경 가운데 거하지 않게 하시고
하나님의 형상을 닮은 거룩한 환경으로 만들어주소서.
온라인 게임이나 웹툰, 온라인 소설에 너무 몰두하여
습관화하지 않게 하시고
적절히 사용하는 지혜를 허락해주소서.

좋은 습관을 갖도록
규칙을 정하여 스스로 훈련하게 하시고
다른 사람의 도움을 받아
하나님이 기뻐하시는 것을 습관화하게 하소서.
주님께서 새벽 미명에 습관에 따라 기도하고
하나님 아버지와 홀로 만난 것처럼 ____에게도 하나님을
정기적으로 만나는 거룩한 습관이 몸에 배도록 하소서.
처음에는 힘들지만 점차 익숙하게 되면서
자연스러운 삶으로 이어지게 하소서.
좋은 습관도 훈련을 통해서 이루어짐을 알게 하시어
좋은 습관을 위해서 영적 훈련을 하게 하소서.
예수님의 이름으로 기도합니다. 아멘.

성을 아름답게
사용하게 하소서

거룩하신 창조의 주님!
사랑하는 ____를 위해서 기도합니다.

세상을 창조하신 후에 남성과 여성을 만들고
보시기에 좋았다고 말씀하시면서
성을 아름답게 하신 하나님께 감사드립니다.
남성과 여성이 있음으로 인하여
인류는 생육하고 번성하는 은혜를 받았습니다.
간절히 기도하오니
성을 더럽거나 추악하게 생각하지 않게 하소서.
이상한 눈으로 성을 바라보지 않게 하시고
하나님이 만드신 아름다운 모습으로 성을 바라보게 하소서.
성에 대한 세상의 잘못된 이해를 받아들이지 않고
오직 성경에 나오는 성의 거룩함을 배우게 하소서.

이성을 볼 때 하나님이 창조하신 모습으로 바라보게 하시고 보시기에 좋았던 아름다움으로 성을 바라보게 하소서.

성을 죄책감이나 수치스러운 것이 아닌

자연스러운 하나님의 선물임을 깨닫게 하소서.

이성을 잘 이해하고 존경하여

성을 물질적으로나 놀이의 도구로 사용하지 않게 하소서.

성을 하나님의 창조적 목적을 이루는

거룩한 것으로 바라보게 하시고

성경의 뜻 안에서 성을 사용하게 하소서.

결혼 이외에 다른 곳에서

성을 사용하는 일이 없도록 인도하여 주시고

성적 유혹을 잘 이겨낼 수 있도록 도와주소서.

하나님의 은혜로 어릴 때부터 거룩하게 하소서.

예수님의 이름으로 기도합니다. 아멘.

게으르지 말고
부지런하게 하소서

충성과 은혜의 주님!
사랑하는 ____를 위해서 기도합니다.

무엇에든지 하나님 앞에서
온전히 충성하는 자세를 갖게 하소서.
주어진 일을 소중히 여기고 최선을 다하는
하나님의 일꾼이 되게 하소서.
요령을 피우거나 사람을 속이는 일이 없게 하시고
모든 일을 부지런히 행하게 하소서.
게으른 것은 악한 것임을 깨닫게 하시고
공짜로 얻으려는 마음을 버리게 하시며
정당한 대가와 수고로 행하는 자세를 갖게 하소서.

부지런히 섬기며 열심히 봉사하는 사람이 되게 하시고
일하지 않고 빈둥대는 모습을 보이지 않게 하소서.
하루하루를 소중히 여기어

헛되이 시간을 보내지 말게 하시고
최선을 다함으로써 하나님과 부모와
공동체 안에서 부끄러움 없는 일꾼으로 성장하게 하소서.
일하기 싫거든 먹지도 말라고 하신 말씀을 기억하며
일하는 즐거움을 알게 하소서.
땀 흘리면서 봉사하고 일하는 수고의 맛을 알게 하시고
일한 만큼 정당한 대가를 받으며 살게 하소서.
예수님의 이름으로 기도합니다. 아멘.

재생산하는 놀이를
즐기게 하소서

모든 일에 완벽하신 주님!
사랑하는 ____를 위해서 기도합니다.

공부할 때는 공부하고 놀 때는 잘 놀게 하소서.
노는 것도 하나의 공부임을 알게 하시고
노는 일을 통해 마음과 감정이 성장하게 하소서.
놀이를 통하여 삶의 여유를 갖게 하시고
놀이를 즐기는 법을 터득하게 하소서.
이기적이며 탐욕적인 놀이가 되지 않게 하시고
창조적이며 다른 사람을 이롭게 하는
놀이를 할 줄 아는 멋진 사람이 되게 하소서.

놀이를 통하여 새로운 활력을 얻게 하시고
재창조의 힘을 갖게 하소서.
놀이를 통하여 창의력과 상상력이 넘치게 하시고
주변 사람들과 공동체를 사랑하는 삶이 되게 하소서.

놀이를 창의적으로 즐길 수 있게 하시고
천국놀이를 경험하게 하소서.
함께하면서 서로 이해하고 평등함을 나누게 하시고
놀이를 통하여 얻은 활력과 즐거움을 가지고
맡은 일에 충성하게 하소서.

놀되 놀이에 너무 빠지지 않게 하시고
믿음으로 놀이를 지배하여
스스로 자제하고 멈출 수 있는 지혜도 허락해주소서.
하나님의 은혜로운 말씀과 기도 속에서
진정한 천국의 즐거움을 만끽하게 하소서
예수님의 이름으로 기도합니다. 아멘.

바쁜 중에도 휴식을 갖는
여유를 주소서

삶의 반석이신 주님!
사랑하는 ＿＿＿를 위해서 기도합니다.

수고로운 인생이지만
그 안에서 여유를 갖는 지혜를 주소서.
너무나 일에 바쁘고 노는 데 바빠서
자기를 잊어버리는 일이 없게 하시고
바쁜 중에도 휴식을 갖는 여유를 주소서.

휴식 없이 일하는 일중독이 되지 않게 하시고
주어진 일에 만족하여 욕심 부리지 않고
적당하게 쉬면서 여유를 갖는 마음을 주소서.
잠시 쉬면서 여유를 찾아
그 안에서 창의적인 능력을 발휘하게 하시고
여유를 통하여 인생이 성숙하게 하소서.

세상이 바쁘다고
더불어 자신도 바쁘게 살지 않게 하소서.
분주한 가운데서도
말씀을 보고 기도할 수 있는 여유를 갖게 하시고
비신자를 만나 복음을 전하는 여유를 찾게 하소서.

우리 주님은 바쁘신 중에도 시간을 내서
잠시 쉬며 하나님의 나라를 예비하셨듯이
____도 바쁠수록 여유를 갖고
자신의 목표를 재점검하며
오직 하나님의 나라를 위해 살게 하소서.
예수님의 이름으로 기도합니다. 아멘.

휴식의 중요성을
알게 하소서

참 안식을 주시는 주님!
사랑하는 ＿＿＿를 위해서 기도합니다.

천지를 창조하신 후에 제칠일 째 쉬신 하나님을 본받아
＿＿＿에게도 휴식의 중요성을 알게 하여주소서.
몸의 소중함을 깨달아 피곤하지 않게 하시고
휴식을 통하여 몸의 기능이 회복되게 하소서.
과로하지 않게 하시고 적당한 휴식을 통하여
몸의 건강과 아울러 정신적인 여유를 갖게 하소서

휴식의 시간을 자기만의 즐거움이 아닌
하나님을 기쁘시게 하는 시간으로 만들게 하시고
휴식을 통하여 하나님께 더욱 가까이 가는
기회가 되게 하소서.
일만큼 휴식도 중요함을 깨달아
새로운 창조를 위해 휴식하는 법을 배우게 하소서.

휴식을 통하여 상상력과 창조력이 넘치게 하시고
자기를 돌아보고 이웃과 하나님과 관계를 회복하는
소중한 시간으로 삼게 하소서.
무엇보다도 주일의 중요성을 깨닫게 하시어
안식일을 통하여 하나님을 예배하고
이웃을 섬기는 삶이 되게 하소서.
모든 시간이 거룩한 시간임을 알게 하시고
휴식의 시간도 거룩하고 소중한 기간이 되게 하소서.
영혼의 쉼을 얻으면서 새로운 도전을 꿈꾸게 하소서.
예수님의 이름으로 기도합니다. 아멘.

운동을 통하여
저항력을 키우게 하소서

살아서 역사하시는 주님!
사랑하는 ＿＿를 위해서 기도합니다.

운동신경이 발달하게 하시고
몸의 건강을 위하여 운동할 수 있는 힘을 주소서.
시간을 정하여 자기에게 맞는 운동을 하게 하시고
습관을 들여 중단하지 않고 지속적으로
운동할 수 있도록 인도해주소서.
건강을 위해 시간을 투자하는 것이 귀한 일임을
알게 하시고 평생 운동하는 습관을 갖게 하소서.

영혼이 건강한 것과 마찬가지로
육체의 건강도 하나님의 영광을 위해
필요한 일임을 알아 운동하는 일에 힘쓰게 하소서.
몸이 건강해야 몸의 저항력이 생기고
질병으로부터 몸을 보호할 수 있사오니

힘과 정성을 다하여 운동하게 하시고
균형 잡힌 건강을 유지하게 하소서.
음식을 골고루 먹게 하시고
이로운 음식을 먹어 건강을 유지하게 하소서.

우리 몸을 건강하게 유지하여
주어진 일을 잘 감당하게 하시고
다른 사람을 돕는 데까지 나아가게 하소서.
건강 때문에 하나님의 영광을 가리지 않도록 하시고
병이 들거나 사고가 나지 않도록
늘 하나님의 은혜가 임할 수 있게 도와주소서.
예수님의 이름으로 기도합니다. 아멘.

웃음과 유머를
잃지 않게 하소서

기쁨과 소망의 주님!
사랑하는 ____를 위해서 기도합니다.

웃음을 주신 하나님께 감사드립니다.
인간에게 주신 웃음과 유머를 잘 계발하여
유익하게 사용하게 하소서.
신앙과 유머는 별개의 것이 아님을 알게 하시고
저급한 유머가 아닌 고품격적인 유머로
하나님을 떠올리고 이웃을 사랑하는
그런 유머를 계발하여 사용하게 하소서.
억지로 웃음을 보이기보다는
일상에서 자연스럽게 웃을 수 있게 하시고
남을 비웃는 웃음이 되지 않게 하소서.
마음에서 우러나오는 진정한 웃음이 되게 하시고
하나님의 형상을 드러내는 웃음이 되게 하소서.

웃음이 건강에 좋은 약임을 알게 하시고

항상 기뻐하면서 소망 중에 하나님을 찬양하게 하소서.

힘들 때도 웃음을 잃지 않게 하시고

고난 중에서도 유머를 통하여 어려움을 극복하게 하소서.

감사하는 마음으로 살 때

하나님은 늘 좋은 것 주심을 믿습니다.

웃음 속에 행복이 있음을 알고

행복을 전하는 나눔의 사람이 되게 하소서.

＿＿＿의 웃음을 통하여 세상이 밝아지게 하시고

새 소망을 얻는 축복을 주소서.

예수님의 이름으로 기도합니다. 아멘.

수고와 고통을
잘 이기게 하소서

위로와 소망의 주님!
사랑하는 ____를 위해서 기도합니다.

인생살이가 늘 고난이 끊이지 않는 삶입니다만
그 가운데서도 고통을 고통으로 여기지 않게 하시고
고난이 올 때 고난으로 좌절하지 않게 하시며
하나님이 주신 은혜라고 말하게 하소서.
수고로운 일을 할 때마다 힘들다고 생각하지 말고
하나님이 주신 일이라고 생각하며 잘 감당하게 하소서.
수고와 땀이 인간의 죄로 말미암은 것임을 알게 하시고
그것을 하나님의 질서로 받아들이게 하소서.

오히려 고통과 수고 속에서 하나님의 은혜를 깨닫게 하시고
힘들수록 하나님 앞으로 더욱 나가는 기회가 되게 하소서.
끝까지 포기하지 않고 믿음으로 인내하며
하나님을 향해 간절함으로 나아가게 하시고

어려울 때 나보다 더 어려운 사람을 바라보며
사랑으로 넉넉히 이기게 하소서.

인생에 고통이 닥칠 때마다 주님이 우리를 위해
고난당하신 십자가의 고난을 생각하게 하시고
주님이 당하신 십자가의 고난을 묵상하면서
인생의 어려움을 잘 극복하게 하소서.
예수님의 이름으로 기도합니다. 아멘.

음식을 골고루 먹게 하소서

세상의 모든 것을 주신 주님!
사랑하는 ___를 위해서 기도합니다.

하나님이 날마다 일용할 양식을 채워주심을 감사합니다.
광야에서 40년간 만나와 메추라기를 내려주시어
이스라엘 백성들을 굶주리지 않게 하신
하나님의 사랑을 기억하게 하시고
오늘도 우리에게 좋은 음식으로 채워주심을 감사드립니다.
하나님이 주신 음식임을 알게 하시며
늘 감사하는 마음을 갖게 하소서.
자기가 좋아하는 음식만 먹지 말고
영양분을 골고루 섭취하도록
다양한 음식의 맛을 느끼게 하소서.

필요해서 하나님이 만드신 음식임을 알게 하시고
너무 감각적인 것에만 길들지 않고
하나님의 영광을 위해

다양한 음식을 골고루 먹을 수 있는 마음을 주소서.
방부제가 들어간 인스턴트 음식을 좋아하지 않게 하시고
순수한 자연 그대로의 음식에 맛을 들이게 하소서.
식물을 우리에게 음식으로 주신 것에 감사하며
하나님의 뜻을 생각하면서 음식을 먹게 하소서.
이것조차 먹을 수 없는 사람들이
이 세상에는 많이 있음을 기억하고
음식을 남기거나 버리지 않게 하소서.
이웃 중에 음식을 먹지 못하는 사람들을 생각하여
항상 그들을 위해 기도하게 하소서
예수님의 이름으로 기도합니다. 아멘.

깊은 잠을 자게 하소서

위로와 평강의 주님!
사랑하는 ＿＿를 위해서 기도합니다.

사랑하는 자에게 잠을 주시는 하나님,
잠을 잘 수 있다는 것이 얼마나 감사한 일인지요.
만약 잠을 잘 수 없다면 사람은 살기 어려울 것입니다.
때때로 걱정과 염려로 인하여 잠을 못 이룰 때가 있는데
그때도 모든 것을 하나님께 맡기고
감사함으로 잠을 청할 수 있게 하소서.
인간은 하루가 끝나면 잠을 자는데
잠잘 때마다 깊은 잠을 자게 하여주시고
잠자는 동안에 주님을 만나게 해주소서.
잠자는 동안에 피곤함이 다 풀리게 하시고
육체의 원기가 회복되게 하소서.
그리하여 건강한 몸으로 새로운 하루를 살아가게 하소서.

잠잘 수 없게 만드는 주변의 환경을 잘 이기게 하시고

하나님을 신뢰함으로 곤히 자는 은혜를 허락하소서.
잠의 소중함을 깨달아 시간 맞추어 잘 자게 하시고
하나님의 사랑의 품안에서 자는 축복을 주소서.
마치 어린아이가 어머니의 품속에서 편안히 잠자듯이
____에게도 은혜를 주시어
주님의 품안에서 사랑을 느끼며 잠드는
축복을 매일 허락하여 주소서.
주님과 함께하는 달콤한 잠이 되게 하소서.
예수님의 이름으로 기도합니다. 아멘.

매일 좋은 꿈을 꾸게 하소서

비전과 소망의 주님!
사랑하는 ＿＿를 위해서 기도합니다.

매일 잠자는 동안에
나쁜 꿈에 시달리지 않게 하소서.
악몽에 시달려서 마음과 몸이 피곤하지 않게 하시고
늘 하나님을 생각하는 좋은 꿈만 꾸게 하소서.
잠자는 동안에도 하나님의 사랑을 느끼게 하시고
요셉처럼 하나님의 위대한 사명을 감당하는
복의 근원으로서
미래의 비전을 품는 꿈을 주소서.
주님과 동행하는 꿈이 되게 하소서.

하루의 생활을 복되게 인도하여 주소서.
기억하고 싶지 않은 일은 떠오르지 않게 하시고
시기와 질투와 미움과 욕심이
마음을 지배하지 않게 인도하여 주소서.

언제나 하나님의 사랑과 평화와 은혜만이

_____의 마음을 지배하여

그것을 통해 축복을 전하는 사람이 되게 하소서.

꿈꾸는 동안에 만나고 싶었던

천국에 있는 성경의 인물들을 보게 하시고

위대한 믿음의 인물을 바라보며

세상에서 승리하는 사람이 되게 하소서.

깨어 있는 시간뿐만 아니라

잠잘 때도 복되게 하시어 하나님의 충만함을 느끼는

평안과 은혜의 시간이 되게 하소서.

예수님의 이름으로 기도합니다. 아멘.

신체의 훈련을
잘 감당하게 하소서

은혜가 충만하신 주님!
사랑하는 ＿＿를 위해서 기도합니다.

하나님이 주신 몸을 먼저 감사하게 생각하게 하시고
나의 몸이 나의 것이 아닌 주님의 것임을 깨달아서
잘 관리할 수 있는 지혜를 허락해주소서.
하나님이 주신 신체를 아름답고 건강하게
잘 가꿀 수 있는 능력을 주시고
신체를 잘 관리하기 위해서는 어떻게 훈련해야 하는지
그 방법과 지혜를 습득할 수 있도록 인도하여 주소서.
하나님이 만드신 몸이오니
하나님이 가장 잘 아실줄 믿습니다.
하나님이 주신 지체를 소중하게 다루게 하시고
함부로 학대하거나 피곤하게 하지 않으며
적당한 운동과 관리를 통하여 건강한 몸을 이루게 하소서.

매일 신체를 훈련할 수 있는 방법을 터득하게 하시어

그것을 잘 실천하여 건강한 신체로

하나님의 이름을 드러내는 데 사용하게 하소서.

내 몸은 내 것이 아니라

주님이 값으로 사신 것임을 알게 하시고

잘 가꾼 그 몸으로 하나님께 영광을 돌리게 하소서.

잘못 관리하여 몸의 균형이 깨지거나

병이 생기는 일이 없도록 일상의 모든 일에서

절제하며 질서 있는 경건한 삶이 되도록 인도해주소서.

몸을 잘 관리하지 못하는 것도 하나의 죄임을 깨달아서

신체를 잘 훈련할 수 있도록 인도해주소서.

예수님의 이름으로 기도합니다. 아멘.

독수리와 같은
강건한 힘을 주소서

능력과 소망의 주님!
사랑하는 ＿＿를 위해서 기도합니다.

하루를 살아갈 때 독수리처럼 강건한 힘을 주소서.
그 힘으로 하고자 하는 일을 잘 감당하게 하시고
하나님이 주신 사명을 이루게 하소서.
몸이 연약하여 지치거나 힘들지 않게 하시고
하나님이 주시는 힘으로 몸과 마음이 생기를 얻게 하소서.

창공을 힘차게 올라가는 독수리와 같은 능력을 주시어
자라가면서 하나님을 알아가는 만큼
건강의 힘도 더해주소서.
힘이 부족하면 하고 싶은 일을 할 수 없사오니
지치지 않는 강건한 힘을 날마다 새롭게 하여주소서.
육체의 힘은 마음으로부터 오며
영혼으로부터 오는 것임을 생각하여

먼저 마음과 영혼이 건강하여 하나님을 사랑하며
하나님으로부터 은혜를 받아
육체에까지 힘이 미치게 하소서.

강건한 힘을 주셨을 때
자기만을 위해 사용하지 않게 하소서 .
자기 의를 드러내거나 자기 힘을 자랑하는
삼손처럼 되지 않게 하시고
하나님의 거룩한 의를 드러내는 힘이 되게 하소서.
육체의 힘이 강건할 때 사탄의 유혹이 심함을 기억하며
평소에 영적으로 깨어 믿음의 훈련을 하여
넉넉히 이기는 하나님의 사람이 되게 하소서.
예수님의 이름으로 기도합니다. 아멘.

주변 환경에
몸이 잘 적응하게 하소서

세상을 지으신 나의 주님!
사랑하는 ＿＿를 위해서 기도합니다.

하나님이 주신 육체는
언제나 자연과 함께 친화하도록 만들어졌습니다.
하나님이 세우신 질서를 잘 이해하면서
그 가운데서 몸을 잘 관리하게 하소서.
자연을 떠나서는 몸을 건강하게 할 수 없사오니
주변 환경에 잘 적응하는 몸이 되게 하소서.
봄, 여름, 가을, 겨울을 주신 하나님,
각 계절마다 몸이 잘 적응하게 하시고
변화에 잘 대처하도록 우리 몸을 건강하게 해주소서.

위기가 처할 때도 민첩하게 움직여
위기와 어려움을 잘 이기게 하시고
생기 있는 몸을 만들어

주변의 힘든 환경에도 잘 적응하도록 하소서.
하나님이 만드신 자연의 질서를 잘 이해하면서
그것을 사용하는 능력과 지혜를 주시고
자연과 몸이 함께 힘을 얻고
보존하는 법을 터득하게 하소서.

환경에 이끌려가기보다는 환경을 뛰어넘어
인간이 주도적으로 살게 하시며
주변 환경에 지배당하지 않게 하소서.
몸이 연약하여 하나님의 영광을 가리지 않도록
항상 건강관리에 신경을 쓰게 하소서.
예수님의 이름으로 기도합니다. 아멘.

몸을 청결하게
가꾸게 하소서

거룩하고 순결하신 주님!
사랑하는 ＿＿＿를 위해서 기도합니다.

몸을 깨끗하게 관리하는 것은 우리의 당연한 의무입니다.
아울러 하나님이 주신 몸을
감사하게 생각하는 것 또한 당연한 처사입니다.
몸의 관리자로서 몸을 청결하게 유지하기 위하여
샤워나 목욕을 자주 하고
항상 몸의 청결을 유지하는 것이
곧 하나님의 비전을 이루는 일임을 믿게 하소서.
몸이 청결하지 않으면 병들 수 있고
나중에는 몸이 망가질 수 있습니다.
기능공이 기계를 잘 관리하는 것처럼
우리 몸을 청결하게 하여
오랫동안 하나님의 뜻에 사용되게 하소서.

매일 손을 씻고 양치질이나 세수를 빠지지 않고
스스로 알아서 잘하도록 인도해주소서.
몸을 청결하게 하는 일은
곧 하나님이 주신 몸을 감사하게 생각하는 일이며
나의 몸이라고 생각하지 말게 하시고
주님이 십자가의 값을 주고 산 거룩한 몸으로 살게 하소서.
내 몸을 내 마음대로 함부로 사용하지 않으며
하나님이 뜻을 깨달아서 그 비전을 이루는 데
온전히 사용될 수 있도록 잘 관리하게 하게 하소서.
예수님의 이름으로 기도합니다. 아멘.

균형 있는 몸의 성장이
되게 하소서

성삼위일체 좋으신 주님!
사랑하는 ____를 위해서 기도합니다.

하나님은 우리에게 몸의 각 기능을 주셨습니다.
몸의 셀 수 없이 많은 기능을 잘 살려 사용하는 것이
하나님의 뜻인 줄 믿습니다.
기도하기는 ____의 몸이
균형 있게 성장하도록 인도해주소서.
필요한 비타민과 영양분이 잘 공급되게 하셔서
몸의 성장이 잘 이루어지도록 하소서.

몸의 균형이 잘 유지될 수 있도록 인도해주셔서
어디서 무엇을 하든지 활발한 신체활동으로
목표하는 일을 온전히 이루도록 도와주소서.
하나님이 주신 몸임을 늘 기억하며
소중히 가꾸고 관리하는 능력을 주소서.

____가 운동을 하고 음식을 먹지만
그 몸을 주관하시는 분은 하나님이심을 믿게 하시고
하나님의 뜻에 맞게 몸을 사용하게 하소서.

어디를 가든지 아름다운 몸을 통하여
하나님의 뜻을 이루게 하시고
하나님이 주신 몸을 늘 감사하게 하소서.
하나님이 채워주시지 않으면
어느 한순간도 몸을 건강하게 유지할 수 없음을 인식하고
늘 겸손히 기도하는 생활이 되게 하소서.
예수님의 이름으로 기도합니다. 아멘.

몸의 각 기능이
제 역할을 하게 하소서

성삼위일체 하나이신 주님!
사랑하는 ＿＿＿를 위해서 기도합니다.

몸에 각 기능을 주신 것은
그 나름대로 의미가 있어서 주신 줄로 믿습니다.
어느 한 기능도 불필요한 것이 없음을 알고
그것에 맞는 생활이 되게 하소서.
모든 기능이 건강하게 유지되게 하시고
자기 역할을 잘 감당하게 하소서.

눈을 주신 것에 감사하고 잘 보게 하시고
코를 주신 것에 감사하고 냄새를 잘 맡고
알레르기 같은 질병이 생기지 않게 하소서.
입을 주신 것을 감사하며 입을 잘 사용하게 하소서.
귀를 주신 것을 감사하며 잘 듣게 하시고
손을 주신 것을 감사하며 나눔의 손길이 되게 하소서.

발을 주신 것을 감사하며
주님이 가라고 하는 곳으로 가서
복음을 증거하는 전도자가 되게 하시고
머리를 주신 것을 감사하며 머리를 잘 사용하여
하나님의 지혜를 드러내게 하소서.
마음을 주신 것을 감사하며
겸손히 주님을 닮아가는 제자의 삶이 되게 하소서.

위가 튼튼하여 소화가 잘되게 하시고
뼈가 튼튼하여 몸의 균형을 잘 잡게 하시며
장이 건강하여 배변활동이 원활하게 하소서.
심장의 건강을 주셔서 활기 있게 운동하게 하시고
간을 건강하게 하시어 무리하지 않도록 도와주소서.
피의 순환을 좋게 하시어 온 몸의 역할이 잘되게 하소서.
몸의 어느 한부분이 막히거나
좋지 않은 암적인 형태가 생기지 않게 하시며
모르는 부위에도 늘 하나님의 손길이 함께하셔서
문제가 생기지 않게 도와주소서.
예수님의 이름으로 기도합니다. 아멘.

감각이 무디지 않게 하소서

모든 영역에서 뛰어나신 주님!
사랑하는 ＿＿를 위해서 기도합니다.

미각, 후각, 청각, 촉각, 시각 등의 오감을 주신
하나님께 감사드립니다.
각각의 감각 기능이 잘 유지되게 하시고
감각이 살아나 만지고 보고 듣고 먹고 입을 때마다
하나님의 사랑과 손길을 느끼게 하소서.

어느 한부분이 마비되어
감각을 느끼지 못하는 일이 생기지 않게 하시고
생명력을 불어넣어주사
모든 감각기관이 서로 유기적으로 활동하도록 도와주소서.
감각기관을 육체적 정욕과 안목의 정욕과 이생의 자랑을 위해
사용하지 않게 돌보아주시고
주님의 뜻을 드러내며 하나님의 영광을 나타내는 데
아름답게 사용하도록 인도해주소서.

아픔을 느낄 때마다 이웃의 아픔을 느끼게 하시고
아름다운 것을 볼 때마다
세상을 창조하신 하나님을 찬양하게 하소서.
음식의 맛을 보면서 그 즐거움을 주신
하나님과 이웃에게 감사하게 하소서.
아름다운 소리를 들으면서 하나님의 나라를 바라보며
주님의 음성을 듣는 영적인 귀까지 허락해주소서.
모든 감각이 하나님을 향하여 열리게 하소서.
예수님의 이름으로 기도합니다. 아멘.

좋은 것만 보는
깨끗한 눈이 되게 하소서

선하시고 거룩하신 주님!
사랑하는 ____를 위해서 기도합니다.

보이는 대로 보게 마시고 좋은 것을 보며
나쁜 것을 보지 않게 하소서.
눈을 주신 것은 좋은 것을 보라고 주신 것입니다.
인간이 타락하고 죄를 지음으로 좋은 것보다는 악한 것을
하나님보다는 세상의 욕심에 눈이 멀어
허황된 것을 좇는 사람이 많습니다.

기도하기는 하나님이 주신 눈으로
하나님의 아름다운 세상만 바라보게 하소서.
하나님의 눈으로 보는 시야를 넓혀주시고
하나님의 마음으로 세상 만물과 사람을 바라보게 하소서.
세상을 만드시고 보시기에 좋았더라고 말씀하신 것처럼
세상을 바라볼 때에 ____에게도 하나님의 눈을 주소서.

타락한 세상 속에서 거룩한 눈을 갖게 하시고
보는 것을 날마다 성결하게 하여주소서.
이전의 모습대로 보지 말고
말씀의 눈으로 보게 하시고
육신의 눈으로 보지 말고
영적인 눈으로 세상을 보게 하소서.
보이는 대로 생각이 움직이는 것을 인식하여
악한 것은 모양이라도 닮지 않고 바라보지 않게 하소서.
잘 구별하여 깨끗한 것에 시야를 고정하게 하시고
하나님이 금한 것은 바라보지 않게 하소서.
예수님의 이름으로 기도합니다. 아멘.

잘 들을 수 있는
경청의 귀를 주소서

다른 사람의 말을 잘 들어주시는 주님!
사랑하는 ＿＿＿를 위해서 기도합니다.

우리에게 귀를 주신 하나님께 감사드립니다.
두 개의 귀를 허락하시어 잘 듣게 하시며
균형 있게 들을 수 있는 축복을 주심을 감사합니다.
하나님이 주신 귀의 역할을 온전히 깨달아서
세상 소리에만 너무 귀 기울이는 사람이 되지 않게 하시고
성령님의 음성에 민감하게 하소서.
하나님의 말씀을 듣는 귀를 먼저 허락하시어
하나님의 뜻대로 살아가게 하소서.
하나님의 소리뿐 아니라 주변 사람들의 목소리에도
귀 기울이게 하시고 다른 사람의 말을 잘 듣고
이해하고 위로할 수 있는 마음을 주소서.

귀를 가졌어도 똑바로 듣지 못했던

바리새인과 서기관들 같은 모습이 되지 않게 하시고
제대로 들을 수 있는 은혜로운 귀를 주소서.
잘못 들음으로 인해 오해가 생기거나
편견을 갖고 들음으로 왜곡하는 일이 생기지 않게 하소서.
하나님이 들려주시는 한에서만 듣는 것임을 알게 하시고
성령님이 들려주시는 음성에 귀 기울이게 하소서.
다른 사람의 말을 잘 경청하는 훈련을 하게 하시고
말하는 것보다 잘 듣는 훈련을 먼저 하게 하소서.
말하는 것을 적게 하고 듣는 것을 많이 하게 하소서.
그것이 하나가 아닌
두 개의 귀를 주신 목적임을 깨닫게 하소서.
예수님의 이름으로 기도합니다. 아멘.

따뜻한 마음을 주소서

사랑과 은혜가 풍성하신 주님!
사랑하는 ____를 위해서 기도합니다.

눈에 보이는 육신의 가슴보다
눈에 보이지 않는 마음이 따스한 사람이 되게 하소서.
사람의 신체에서 심장이 가장 중요함을 알게 하시고
심장에서 몸이 움직이는 과정을 이해하며
육체를 잘 관리하여 마음이 풍성하게 인도해주소서.

남을 이해하고 배려하며 사랑하는 마음을 품게 하시고
나보다 남을 낫게 여기며 하나님의 이름을 드러내는 데
마음을 사용하게 하소서.
무엇보다도 기도하기는 ____의 가슴이
예수님의 마음을 닮게 하시고
예수님의 온유한 성품을 갖게 하소서.
복음의 열정을 품는 용광로와 같은 믿음을 주시고
그런 믿음을 통하여 세상이 따스하게 하게 하소서.

냉랭하며 이기적이고 차가운 가슴이 되지 않게 하시고
사람들의 마음을 녹이며
차갑게 얼어버린 강퍅한 사람의 마음을
부드럽고 따스하게 하는 은혜의 마음이 되게 하소서.
하나님의 말씀과 기도로 무장하여
날마다 성령의 불길이 ____의 가슴에서 타오르게 하소서.
하나님을 섬기는 일에서 베드로와 바울과 같은
뜨거운 열정을 주시고 말씀을 사랑하되
엘리야와 예레미야의 불같은 마음을 허락해주소서.
말씀을 전하지 않으면 답답하여 견딜 수 없는
복음의 불꽃이 항상 타오르는 그런 마음이 되게 하소서.
예수님의 이름으로 기도합니다. 아멘.

키와 신체가
건강하게 자라게 하소서

키와 지혜가 성장하신 주님!
사랑하는 ＿＿를 위해서 기도합니다.

예수님도 어린 시절에 지혜와 키가 자랐다고 했습니다.
자랄 수 있는 시기에 키가 잘 자라게 해주시고
뼈가 튼튼하게 세워지도록 인도해주소서.
신체가 건강하게 성장할 수 있도록 좋은 음식과 영양분을
적절하게 공급하는 은혜도 함께 허락해주소서.
우유와 칼슘이 들어간 음식들을 잘 먹게 하시고
먹은 음식이 빠져나가지 않고 신체와 키가 자라는 데
잘 사용되도록 주님께서 도와주소서.

아무리 인간이 노력한다 해도 하나님이
자라게 해주시지 않으면 아무 소용이 없습니다.
씨를 뿌리고 물을 주고 거름을 주어도
자라게 하시는 이는 하나님이시라고 했으니

기도하기는 하나님이 간섭하여 주셔서
건강하게 전인적으로 성장할 수 있도록 도와주소서.
신앙이 성장하듯 키와 신체도 성장하게 하시고
그 건강한 육체로 하나님의 영광을 드러내게 하소서.

키가 자라기 위해서는 수면이 충분해야 합니다.
걱정과 염려를 하나님께 온전히 맡기고
제시간에 잠을 잘 자게 하시며
너무 늦은 시간까지 깨어 있지 않게 하소서.
잠자는 중에 하나님이 역사하시어
____의 신체가 잘 자라도록 도와주소서.
인간이 걱정한다고 키를 한 자라도 자라게 할 수 없습니다.
오직 하나님의 은혜와 사랑으로 키도 자라게 됨을 믿고
하나님을 더욱 의지하게 하소서.
예수님의 이름으로 기도합니다. 아멘.

육신의 연약함과
아픔을 이기게 하소서

우리의 연약함을 아시고 불쌍히 여기시는 주님!
사랑하는 _____를 위해서 기도합니다.

인간은 태어날 때부터 연약함을 가지고 있습니다.
그것은 인간이 죄를 지은 까닭입니다.
인간의 몸이 온전히 건강하게 되는 것은
이 세상에서는 불가능하고
오직 주님이 재림할 때 이루어지는 일임을 믿습니다.
우선적으로 인간의 고통과 연약함을 이기기 위해서는
세상에 살아갈 때 나타나는 육신의 연약함과 고통을
성경적으로 잘 이해해야 합니다.
아플수록 인간의 죄를 생각하게 하시고 고통을 당하면서
우리의 죄가 얼마나 무서운지 깨닫게 하소서.

고통에서 해방되는 것은 주님을 만나는 곳에서만 가능하고
천국에 이를 때 이루어집니다.

육신의 아픔과 고통을 당할 때마다 원망하지 않게 하시고
하나님의 뜻임을 알게 하소서.
잠깐 동안 아픔을 벗어날 수 있지만
이 세상에서는 아픔에서 영원히 해방되기 어렵습니다.
고통 속에서 고통이 없는
하나님의 나라를 바라보며 이기게 하시고
고통을 피하기보다는 아픔을 극복하게 하소서.

육신의 건강을 위해 최선을 다해서 노력하지만
뜻대로 안된다고 해서 포기하지 않게 하소서.
인간의 실수로 나타나는 육신의 고통은
받아들이고 교훈 삼아 하나님의 질서대로 살아가는,
그래서 다시는 아픔을 당하지 않는 지혜를 주소서.
주님도 친히 육신을 입고 아픔을 당하신 것을 기억하여
아플 때마다 십자가의 고난에서 위로받게 하소서.
육신의 연약함으로 오히려 영혼의 강함을 체험하게 하소서.
예수님의 이름으로 기도합니다. 아멘.

사회에서 인정받는
아름다운 리더로 세우는 기도

주님이 주신 은혜를 잊어버리지 않게 하시고
받은 은혜를 늘 베푸는 사람이 되게 하소서.
주위에는 언제나
나보다 어려운 사람이 많음을 기억하여
그들과 나누는 삶이 되게 하시고
하나님의 공평하심을 이루는 사람이 되게 하소서.
공동체를 온전히 섬기며
나눔의 즐거움을 경험하게 하소서.

부모를 공경하게 하소서

아버지의 뜻에 순종하신 주심!
사랑하는 ____를 위해서 기도합니다.

부모를 주신 은혜 감사드립니다.
부모를 잘 공경하는 사람이 되게 하소서.
낳아준 부모를 섬기고 존경하는 것이
이웃 사랑의 첫 번째 요건임을 알게 하시고
신비한 비밀을 깨닫게 하소서.
가장 가까운 부모에게 잘하는 것이
곧 이웃을 사랑하는 길임을 알아 잘 훈련하게 하소서.
잘 이해되지 않더라도 공경하게 하시고
부모를 마음으로 사랑하는 자녀가 되게 하소서.
부모에게 잘하는 자녀에게
하나님은 잘되는 축복을 주신다고 했사오니
이 명령을 실천하게 하소서.

부모를 공경하면서

하나님을 공경하는 법을 배우게 하시고
부모를 통하여 하나님의 마음을 알게 하소서.
시간이 지나면 자기도 언젠가는 부모가 됨을 알고
____를 낳아주고 길러준
그 수고와 은혜를 잊지 않게 하소서.
부모에게 반항하지 않게 하시고
마음을 아프게 하는 일이 없도록 하소서.
부모를 공경하면서
윗사람을 존경하고 섬기는 마음을 갖게 하소서.
예수님의 이름으로 기도합니다. 아멘.

이웃을 내 몸처럼
사랑하게 하소서

사랑과 자비가 한없으신 주님!
사랑하는 ＿＿를 위해서 기도합니다.

하나님은 인간을 혼자 살 수 없는 존재로 만드셨습니다.
이웃과 함께 살도록 창조하셨음을 알아
이웃과 더불어 사는 법을 배우게 하소서.
세상에서 이웃을 적으로 삼지 말고 친구로 삼게 하시고
이웃에게 피해를 주기보다는 유익을 주게 하소서.
이웃을 미워하지 말고 사랑하게 하시며
이웃을 남으로 보지 말고 또 다른 나로 여기게 하소서.
이웃을 통하여 많은 은혜를 받고 있음을 감사하며
은혜에 보답하는 사람이 되게 하소서.

하나님을 사랑하는 자는 당연히 이웃을 사랑함을 알아
나의 하는 일이 이웃을 섬기는 데 목적을 두게 하소서.
지극히 작은 자에게 한 것이

곧 하나님께 한 것이라고 하셨사오니
작은 자 한 사람도 소홀히 여기지 않게 하시고
자기 지체처럼 사랑하게 하소서.
받기보다는 주는 사람이 되게 하시고
자기에게 손해를 입히는 이웃에게도,
또한 원수까지도 사랑하는 마음을 갖게 하소서.
예수님의 이름으로 기도합니다. 아멘.

친구를 잘 사귀게 하소서

영원한 친구되신 나의 주님!
사랑하는 ____를 위해서 기도합니다.

좋은 친구들을 주소서.
믿음을 가진 진실한 친구를 주시고
다윗과 요나단같이 생명처럼 아끼는
친구를 갖게 하소서.
세상은 혼자 살아갈 수 없습니다.
어려울 때도 함께 도우면서 살아가는
신실한 친구를 곁에 많이 주소서.

학교생활에서 친구들과 잘 사귀게 하시고
교회에서 교우들과 아름다운 관계를 맺게 하소서.
좋은 친구를 구하기 전에
먼저 자신이 좋은 친구가 되게 하시고
믿음의 성장을 이룰 수 있고
하나님을 가까이할 수 있는 친구를 주소서.

친구와 다투었을 때는 빨리 화해하게 하시고
서로의 부족한 점을 알아
서로 채워주는 친구가 되게 하소서.
지금 사귀고 있는 친구들에게도 은혜를 주시어
마음이 서로 통하는 섬기는 관계가 되게 하소서.
바른 길로 인도하며 마음의 상처를 치료해주는
친구 관계가 되게 하소서.
영원한 친구이신 예수님을 친구로 삼아 살게 하소서.
예수님의 이름으로 기도합니다. 아멘.

학교생활에
잘 적응하게 하소서

세상을 섬기러 오신 주님!
사랑하는 ＿＿를 위해서 기도합니다.

공부할 수 있는 시간과 환경을 주신 것에 감사합니다.
학생시절이 좋은 추억이 되게 하시고
학창생활을 통하여 많은 것을 배우고 도전받게 하소서.
학교생활에 잘 적응하도록 도움의 손길을 주시고
무엇보다도 학교생활을 즐겁게 하며
잘 적응하여 유익한 배움의 현장이 되게 하소서.

학교생활이 힘들거나 무익하다고 여겨질 때
기도하면서 문제를 풀어가게 하시고
성령님을 통해 극복하면서 나아가게 하소서.
남에게 의지하기보다는
하나님을 의지하면서 좋은 결과를 기대하게 하소서.
다른 사람이 나에게 잘해주기를 바라기보다는

내가 먼저 다가서서 친절을 베풀며
친구를 사랑하고 인정해주는 사람이 되게 하소서.

주변 친구들을 경쟁자로 여기지 않고
서로 협력하며 돕는 자로 삼게 하시고
하나님의 나라를 위해 동역자가 되게 하소서.
믿음의 친구가 아닌 경우에는
복음을 담대히 전할 수 있는 힘도 함께 주소서.
예수님의 이름으로 기도합니다. 아멘.

좋은 선배와 스승을
만나게 하소서

제자들에게 좋은 스승이셨던 주님!
사랑하는 ____를 위해서 기도합니다.

인생은 혼자 사는 것이 아니라 더불어 사는 것입니다.
살아가면서 좋은 선배와 스승을 만나게 하소서.
인생의 경험을 들려주며
영적인 체험을 함께할 수 있는 선배를 주소서.
진리의 길로 바르게 인도하는 좋은 스승을 만나게 하소서.

얼마나 좋은 선배와 스승을 만나느냐에 따라
인생이 결정되는 줄로 믿습니다.
평생 존경할 수 있는 스승을 주시고
스승의 가르침을 받아 잘 성장하게 하소서.
____에게 순종하는 마음을 주시어
스승을 존경하고 선배를 잘 따르게 하시며
좋은 것을 많이 배우게 도와주소서.

사무엘과 다윗, 바울과 디모데와 같은
스승과 제자의 만남을 갖게 하시고
스승을 통하여 지식을 배우게 하시며
선배를 통하여 인생을 배우게 하소서.
거인의 어깨 위에서
새로움을 창조하는 하나님의 사람이 되게 하소서.
예수님의 이름으로 기도합니다. 아멘.

나누고 베푸는 삶을
살게 하소서

항상 베푸는 삶을 사셨던 주님!
사랑하는 ____를 위해서 기도합니다.

하나님은 우리에게 좋은 것을 주셨습니다.
____에게도 갚을 수 없는 많은 것을 주셨습니다.
주신 것에 늘 감사하게 하시고
욕심부리지 않고 자족하게 하소서.
자신만 생각하지 말고 주위 사람을 돌아보게 하시고
가진 것을 나눌 수 있는 은혜를 주셔서
많이 베풀고 나누는 사람이 되게 하소서.

주님이 주신 은혜를 잊지 않게 하시고
받은 은혜를 늘 베푸는 사람이 되게 하소서.
주위에는 언제나 나보다 어려운 사람이 있음을 기억하여
그들과 나누는 사람이 되게 하시고
하나님의 공평하심을 이루는 사람이 되게 하소서.

나눔의 축복을 주시어
나눔의 즐거움을 경험하게 하소서.
모든 것은 하나님께 거저 받은 것입니다.
거저 받았으니 거저 주는 삶을 살게 하소서.
예수님의 이름으로 기도합니다. 아멘.

주위 사람들과 행복한 교제를
나누게 하소서

항상 하나님과 교제를 나누신 주님!
사랑하는 ＿＿＿를 위해서 기도합니다.

하나님과의 관계는 곧 이웃과의 관계로
나타나는 줄 믿습니다.
성경은 하나님을 사랑하는 자는
이웃을 사랑한다고 했습니다.
살아가면서 하나님이 중요한 만큼
이웃 또한 중요한 존재임을 기억하게 하소서.
자기 혼자만을 생각하는
이기적인 고집쟁이가 되지 않게 하시고
이웃과 협력하고 조화를 이루며 사는 삶이 되게 하소서.

학교에서 친구들과 잘 사귀게 하시고
이웃들과 좋은 관계를 맺게 하시며
만나는 사람들과 온전히 교제하는

친절한 하나님의 사람이 되게 하소서.
먼저 이웃을 내 몸처럼 사랑하는 마음을 주시고
주위 사람들을 잘 섬기고 은혜를 베풀게 하소서.
이웃과 관계를 잘 유지할 수 있는 지혜와 총명을 주소서.
예수님의 이름으로 기도합니다. 아멘.

봉사의 즐거움을
알게 하소서

섬기기 위해 오신 주님!
사랑하는 ____를 위해서 기도합니다.

섬기며 봉사하는 것이 주님의 뜻임을 알게 하시고
섬기는 사람으로서 미래의 그림을 그리게 하소서.
모든 것은 섬기기 위해서 존재하고
인생의 성공은 봉사하기 위해 있음을 알게 하소서.
인생의 후반전은 섬기는 삶을 살게 하시고
열심히 공부하고 노력하며 훈련하여
봉사하고 섬기는 사람이 되게 하소서.

잘 섬기기 위해서는 인격적인 성장이 필요합니다.
모든 면에서 균형 있게 성장하게 하시고
섬김을 받기보다는 먼저 섬기는 사람이 되게 하소서.
이웃을 소중히 여기는 마음으로 섬기는
자연스러운 봉사가 되게 하소서.

주님이 제자들의 발을 씻으며 섬기셨듯이
나이와 대상에 상관없이 섬기게 하소서.
봉사하고 섬길 때 억지로 하지 않고
자원하는 마음과 즐거움으로 섬기게 하시며
남을 섬길 때 찾아오는 즐거움을 경험하게 하소서.
섬기는 자가 으뜸이 되고 하나님이 높여주심을 믿고
만나는 모든 사람을 섬기면서 살게 하소서.
예수님의 이름으로 기도합니다. 아멘.

시간을 잘 관리하게 하소서

처음과 나중이 되시는 주님!
사랑하는 ____를 위해서 기도합니다.

매일 새 날을 주시는 하나님께 감사드립니다.
하루를 살아갈 때 늘 감사함으로 시작하게 하소서.
시간은 내 것이 아닌 하나님이 주신 것임을 알게 하시고
겸손한 마음으로 시간을 사용하게 하소서.
남의 시간을 훔치지 말고
나의 시간을 가치 있게 사용하게 하소서.
헛된 시간이나 의미 없는 시간을 보내지 않고
창조적인 시간으로 만들어가게 하소서.

시간은 늘 있는 것이 아니라
언젠가는 하나님이 가져가는 것임을 기억하여
시간이 주어졌을 때 잘 사용하게 하소서.
일시적이고 물질적인 것에 시간을 사용하기보다는
영원한 가치에 사용하게 하시고

인생의 짧은 시간을 어떻게 사용해야 하는지를
늘 생각하게 하소서.
아무 대가 없이 하나님이 나에게 시간을 주셨다는 것에
늘 감사하며 매일 최선을 다하게 하소서.
예수님의 이름으로 기도합니다. 아멘.

약속을 소중히 여기게 하소서

자비와 언약의 주님!
사랑하는 ____를 위해서 기도합니다.

하나님은 연약한 우리와 약속을 맺고
그 약속을 믿는 사람에게 구원을 주셨습니다.
그리고 그 약속을 지금도 지키고 계심을 감사드립니다.
믿음은 약속을 믿는 것임을 알게 하시고
하나님과의 약속을 잘 지키는 사람이 되게 하소서.

이웃과의 관계 속에서도 약속을 소중하게 생각하며
그것을 지키기 위해 힘쓰게 하소서.
약속은 곧 인격임을 생각하며
작은 약속이라도 어기지 말고
혹시 약속을 어겼을 때는
그것에 대한 책임을 지며 사과하고
용서를 구하는 겸손한 마음을 갖게 하소서.

가능한 약속을 꼭 지키는 사람이 되게 하시고
사람들에게 신뢰를 얻게 하소서.
신용이 가장 큰 재산임을 잊지 말고
어릴 때부터 성실하고 신실한 마음을 갖게 하소서.
____가 언약의 백성으로서 자부심을 갖고
세상에서도 약속을 잘 지키는
신뢰할 수 있는 사람으로 성장하게 하소서.
예수님의 이름으로 기도합니다. 아멘.

하나님의 선교를
마음에 품게 하소서

모든 사람의 복음이 되시는 주님!
사랑하는 ____를 위해서 기도합니다.

이 세상에는 아직도 복음을 듣지 못한 사람이
너무나 많이 있음을 깨닫게 됩니다.
그들을 바라볼 때 불쌍히 여기는 마음을 주시어
복음을 전하고자 하는 담대함을 갖게 하소서.
____에게 복음의 확신을 먼저 갖게 하시고
복음을 전하려는 강한 열망을 주소서.

인생 최고의 목적은
하나님의 선교를 하는 것임을 알게 하시고
나의 모든 것을 내드려
하나님의 나라를 세우는 선교하는 사람으로 살게 하소서.

복음을 전하고 가르치라는

우리 주 예수님의 명령에 순종하여
하나님이 주신 것들을 사용하여
복음을 전하는 데 최선을 다하게 하소서.
복음의 빚진 사람으로 살게 하시고
어떻게 하면 복음을 효과적으로 전할 수 있는지를
늘 고민하며 연구하는 노력하는 일꾼이 되게 하소서.

사랑하는 ＿＿＿를 통하여 많은 사람이
주님께 돌아오는 놀라운 역사를 이루어주소서.
예수님의 이름으로 기도합니다. 아멘.

영향력을 끼치는
리더십을 갖게 하소서

이 세상을 창조하신 주님!
사랑하는 ＿＿를 위해서 기도합니다.

하나님은 세상을 창조하시면서
이 세상을 다스리고 관리하는 책임을
인간에게 주셨습니다.
그러나 인간은 죄악으로 인하여 책임감을 상실했고
세상을 다스리는 리더십을 잃어버렸습니다.
사랑하는 ＿＿에게 하나님의 사명을 주시어
하나님이 주신 리더십을 회복하게 하소서.
아직도 하나님의 뜻에 순종하지 못하며
타락해 가는 세상의 모습을 안타깝게 여기고
하나님의 뜻을 이루려는 열망을 주소서.

탁월한 리더십을 주시어
세상 속에서 영향력을 끼치게 하시고

자신을 드러내기보다는
하나님의 뜻을 이루는 데 사용되는 리더십을 주소서.
힘으로 남을 지배하는 리더십보다는
먼저 섬기고 봉사하는 겸손한 리더십을 주소서.
많은 사람에게 감화를 주고
선한 길로 인도하는 하늘나라의 리더가 되게 하소서.
예수님의 이름으로 기도합니다. 아멘.

자기 일에 책임지게 하소서

십자가를 지기까지 책임을 완성하신 주님!
사랑하는 ＿＿를 위해서 기도합니다.

자신이 하신 말씀은 끝까지 책임을 지시는
하나님을 믿을 수 있도록 인도해주심을 감사합니다.
자기가 맡은 일에 대해서는 책임을 지는
하나님의 형상을 회복하게 하소서.
자기가 한 일에 대해 무책임하게 잊어버리는
사람이 되지 말게 하시고
무슨 일이든지 자기가 한 일에 대해서는
책임을 지는 사람이 되게 하소서.

모두에게 소중한 시간을 잘 지키게 하시고
약속에 대해서 책임을 갖게 하소서.
자기가 한 말에 대해서는
어떤 형태로든지 책임지는 인격적인 사람이 되게 하소서.
신실한 마음과 변하지 않는 마음을 갖게 하여

이웃과 하나님께 칭찬을 받게 하소서.

무슨 일을 할 때마다 책임감을 가지고
맡은 일을 소중히 여기며 충성을 다하는 마음을 주소서.
큰일이나 작은 일에 모두 책임을 지게 하시고
자기의 유익에 따라 책임감이 변하지 않게 하시며
처음과 마지막이 동일한 책임감을 갖게 하소서.
예수님의 이름으로 기도합니다. 아멘.

실패 속에서
성공을 보게 하소서

섬김으로 승리하신 주님!
사랑하는 ＿＿를 위해서 기도합니다.

성공을 향하여 가다가 실패할 때
그것을 실패라고 보지 말고
성공을 위한 과정이라 여기게 하소서.
실패 없이 성공이 없으며
고난 없이 영광이 없음을 알게 하소서.
실패를 통하여 인간의 겸손함을 배우게 하시고
실패를 통하여 하나님을 바라보게 하소서.

인간은 죄를 지은 수고로운 인생이기에
늘 실패할 수밖에 없음을 알게 하시고
실패를 통하여 하나님을 알게 하시며
하나님을 더욱 가까이한다면 그것이 곧 성공임을
믿을 수 있는 마음을 허락해주소서.

실패를 두려워하기보다는
실패를 극복하게 하시고
외적인 실패보다
마음의 실패가 더 무서움을 깨닫게 하소서.
세상적인 일시적 실패보다
영원한 실패자가 되지 않게 하시고
주님 안에는 실패가 없음을 알게 하시며
주님을 믿는 모든 자녀는
늘 승리자로 부름받았음을 믿게 하소서.
예수님의 이름으로 기도합니다. 아멘.

이웃을 불쌍히 여기는
마음을 주소서

자비와 은혜의 주님!
사랑하는 ____를 위해서 기도합니다.

주님의 사랑과 은혜로
사랑하는 ____가 구원받음을 감사드립니다.
하나님의 자비가 임하지 않았다면
어느 누구도 구원받을 수 없고
하나님의 자녀가 될 수 없습니다.
____가 하나님의 불쌍히 여김을 받은 것을 알게 하시고
늘 하나님의 은혜를 구하는 삶이 되게 하소서.

이웃을 바라 볼 때 인간의 눈으로 보지 말고
하나님의 자비하심으로 바라보게 하소서.
내가 받은 하나님의 은혜와 자비하심을
다른 사람에게도 온전히 베푸는 삶이 되게 하소서.

구원받지 못한 사람들을 바라볼 때
불쌍히 여기는 마음을 주시고
사마리아인의 비유에 나오는 선한 사마리아인처럼
차별 없이 그 누구에게라도 자비를 베푸는
그런 온전한 마음을 갖게 하소서.

사랑 없는 무자비한 사람이 되지 않게 하시고
남을 용납하고 불쌍히 여기며
주변에 함께하는 이웃들 위해 늘 기도하게 하소서.
하나님의 자비와 평화가 임하기를 기도하는
하나님의 사람이 되게 하소서.
예수님의 이름으로 기도합니다. 아멘.

원수까지 용서할 수 있는
사랑을 주소서

자비와 용서의 주님!
사랑하는 ＿＿를 위해서 기도합니다.

우리 죄를 용서해주신 주님을 찬양합니다.
십자가를 통한 주님의 용서가 없었다면
우리는 영원히 멸망받는 불행한 사람이 될 뻔했습니다.
그러나 이렇게 주님의 용서하심을 받게 하시고
죄인에서 의인으로 칭함을 받고
천국에 들어가는 축복을 주심에 감사드립니다.

하나님의 용서하심을 체험하여
다른 사람과 친구들을 용서하는 마음을 갖게 하소서.
나에게 피해를 주는 경쟁자까지도 용서할 수 있는
그런 자비와 사랑의 넓은 마음을 주소서.
살아가면서 용서 못할 사람은 없음을 알게 하시고
모든 사람을 사랑하는 은혜를 주소서.

마음에 강퍅함이 생기지 않게 하시고
어떤 경우에도 한스러움이나
복수심이 생기지 않게 하소서.
나에게 잘해주는 사람에게만 사랑을 베푸는
그런 편협한 사랑이 아니라 나를 시기하고 음해하는,
그래서 나를 경쟁자로 여기는 사람에게조차도
자비를 베푸는 그런 사랑을 품게 하소서.
예수님의 이름으로 기도합니다. 아멘.

친절과 예의로
대하게 하소서

은혜와 자비의 주님!
사랑하는 ＿＿를 위해서 기도합니다.

사람을 대할 때 친절과 예의로 대하게 하소서.
주님은 지극히 작은 자에게 한 것은
곧 주님에게 한 것이라고 말씀하셨습니다.
아는 사람뿐 아니라 처음 보는 사람에게도
친절하게 하시고, 친한 사람에게뿐 아니라
싫어하는 사람에게도 친절을 베풀게 하소서.

사람을 만날 때 예의를 다하게 하시고
존중하는 마음을 갖게 하시며
영혼을 사랑하며 인격적으로 대하게 하소서.
사람을 외모로 취하지 않게 하시고
한 영혼의 소중함을 바라볼 수 있는
믿음의 사람이 되게 하소서.

말과 행동을 함부로 하는
예의 없는 사람이 되지 않게 하시고
모든 사람에게 사랑받는 사람이 되게 하소서.
친절한 마음으로 주위 사람들을 도와주게 하시고
짜증내거나 귀찮아하는 태도를 버리게 하소서.
주님의 마음을 품고 사람을 대하게 하시고
만나는 모든 사람을 친절히 대하며 존중하게 하소서.

형식이나 의례적인 모습에서 벗어나
진실함과 사랑을 가지고
주변 사람과 이웃을 대하도록 하소서.
항상 주변에 있는 사람들에게
감동을 끼치는 하나님의 사람이 되게 하소서.
예수님의 이름으로 기도합니다. 아멘.

형제간에 우애 있게 하소서

온유하신 사랑의 주님!
사랑하는 ＿＿를 위해서 기도합니다.

가족 간에 서로 사랑하게 하시고
형제간에도 우애 있게 하소서.
좋은 형제, 자매와 함께할 수 있도록 인도해주신
하나님의 은혜에 늘 감사하게 하소서.
존경할 수 있는 부모를 주시고
가족을 허락하심을 기쁘게 여기게 하소서.

형제간에 분열이 있을 때 하나 됨을 이루는
평화의 사람이 되게 하시고
갈등과 다툼이 있을 때 서로를 하나 되게 하는
사랑의 사람이 되게 하소서.
형제간에 사랑을 받고
사랑을 나누는 사람으로 자라게 하소서.

가족과 형제들의 만남이 있을 때
섬기며 사랑의 본을 보이게 하시고
가까운 형제들을 잘 돌보며 좋은 사귐을 갖게 하소서.
서로를 위해 기도하는 형제로 살게 하시고
형제, 자매와 함께 우애를 나누며
기쁨과 은혜를 주는 사람이 되게 하소서.

형제를 이간질하는 사탄의 간계를 이기게 하시고
화목한 가정을 만드는 데 주인공이 되게 하소서.
형제의 일에 방관자로 머물지 않게 하시고
적극적으로 평화와 사랑을 만드는 사람이 되게 하소서.
예수님의 이름으로 기도합니다. 아멘.

세상의 유혹을
이길 수 있게 하소서

사탄의 유혹을 이기신 거룩하신 주님!
사랑하는 ＿＿를 위해서 기도합니다.

우리가 사는 세상은 악한 어둠의 세계입니다.
하나님을 떠난 사탄이 지배하는
악한 영의 권세가 세상에 가득합니다.
참 빛이 왔으나 어둠이 깨닫지 못하여
빛을 비추이지 못하게 방해하는 일들이
지금도 일어나고 있습니다.

이런 어둠의 세상 속에서
사랑하는 ＿＿가 하나님의 자녀 됨을 분명히 하고
사탄을 대적하는 사람이 되게 하소서.
세상의 악한 유혹이 닥쳐와 괴롭게 할 때마다
성령의 검인 말씀과 기도로 이기게 하소서.
평소에 말씀과 기도로 무장하여

시시때때로 다가오는 사탄의 유혹을 이기게 하소서.

예수님이 사탄의 시험을 받을 때 말씀으로 이기셨듯이
_____도 말씀 충만, 성령 충만으로
어떤 유혹에도 흔들림 없이 물리치게 하소서.
악한 것은 모양이라도 본받지 말게 하시고
좋지 못한 것은 듣거나 만지지도 말고
가까이하지 않게 하소서.
예수님의 이름으로 기도합니다. 아멘.

물질을 잘 사용하게 하소서

세상 만물을 지배하시는 주님!
사랑하는 ___를 위해서 기도합니다.

모든 것은 하나님으로부터 왔습니다.
세상 만물을 하나님이 창조하셨습니다.
하나님이 만드신 세상은
보시기에 좋은 아름다운 세상입니다.
감사함으로 받으면 버릴 것이 없다고 하셨사오니
물질도 먼저 감사함으로 받아들이게 하소서.

물질 자체를 악하게 보지 말게 하시고
세상의 것들을 하나님의 선한 것으로 사용하면
선한 것이 됨을 알게 하소서.
물질 자체를 부정적으로 보면서
악하게 보거나 무시하지 말게 하시고
물질을 잘못 사용할 때
악한 것이 될 수 있음을 깨달아 알게 하소서.

하나님이 주신 힘으로
물질을 잘 사용할 수 있는 지혜를 주소서.
물질을 선한 곳에 사용하고
하나님이 영광을 드러내는 데 사용하게 하소서.
물질에 지배당하지 말게 하시고
물질을 하나님의 뜻에 맞게
선하고 거룩하게 사용할 수 있는 능력을 주소서.
물질과 하나님을 겸하여 섬기지 않게 하소서
예수님의 이름으로 기도합니다. 아멘.

맡은 일에 충성하게 하소서

진실하신 은혜의 주님!
사랑하는 ＿＿를 위해서 기도합니다.

우리를 변함없이 사랑하시는 하나님께
찬양과 경배를 드립니다.
우리도 예수님을 본받아
하나님께 끝까지 충성하게 하소서.
주님이 맡겨주신 일에 대해서도 충성하게 하시고
주님이 만나게 해주신 사람들에게도
온유함과 섬김으로써 충성하게 하소서.
칭찬은 사람들보다 하나님께 받는 것임을 믿으면서
가능한 값없이 일하게 하소서.

나에게 주어진 일을 내일로 미루지 말게 하시고
내가 할 일을 다른 사람에게 넘기지 않게 하소서.
나에게 주신 것은 하나님이 주신 사명이라 여기고
하나님을 바라보며 충성하게 하소서.

사람을 의식하면서 눈가림으로 하는
외적이며 일시적인 충성이 되지 않게 하시고
오직 주님만을 바라보며
결과에 상관없이 온전히 충성하게 하소서.
나에게 주어진 일은 일꾼으로서 하나님의 나라를 세우는
사명임을 깨달아 죽을 때까지 충성하게 하소서.
예수님의 이름으로 기도합니다. 아멘.

남을 나보다
낮게 여기게 하소서

항상 겸손하게 섬기신 주님!
사랑하는 ____를 위해서 기도합니다.

하나님은 사랑이십니다.
사랑은 나보다 남을 낮게 여기는 것입니다.
____에게 이웃을 사랑하는 마음을 주소서.
다른 사람을 소중히 여기고
나보다 낮게 여기는 겸손한 마음을 주소서.
하나님의 형상을 닮은 사람으로
주변 사람들을 보게 하시고
보이는 모습보다 보이지 않는 영혼에
더 가치를 두고 섬기게 하소서.

언제나 남의 입장에서 생각하게 하시고
다른 사람을 먼저 배려하는 자세를 갖게 하소서.
비록 당장 손해를 본다 할지라도

멀리 보면서 겸손히 양보하여
이웃의 유익을 먼저 구하는 사람이 되게 하소서.

이웃을 위해 손해 본 것은
하나님이 풍성하게 갚아주심을 믿고
속상해하지 않게 하시고
더 좋은 것으로 축복해주심을 믿게 하소서.
이웃이 있음으로 내가 있고
이웃을 귀하게 여길 때 나도 행복하게 됨을 알게 하소서.
예수님의 이름으로 기도합니다. 아멘.

항상 겸손함을
잃지 않게 하게 하소서

죽기까지 겸손하신 주님!
사랑하는 ＿＿＿를 위해서 기도합니다.

예수님이 하나님과 동등됨을 취하지 않으시고
자신을 비워 사람의 모양으로 나타나셔서
겸손하셨던 것처럼 겸손한 마음을 갖게 하소서.
끝까지 잊지 말아야 할 것이 겸손임을 알게 하시고
교만을 멀리하게 하소서.

자신을 드러내려 하고 자랑하려고 하는
유혹을 이기게 하시고
모든 영광을 하나님께 돌리는 마음을 주소서.
늘 하나님과 동행하고 있다는 생각을 가지고
주님의 도우심을 구하는 사람이 되게 하소서.

모든 일을 기도 없이 시작하지 않게 하시고

자기 자신의 힘보다는 주님의 능력을 구하며
하나님의 때를 기다리는 믿음을 주소서.
친구들 사이에서, 이웃 사람들과의 관계에서
항상 겸손함을 잊지 않게 하시고
자기보다 다른 사람을 높이게 하소서.
예수님의 이름으로 기도합니다. 아멘.

분노를 잘 다스리게 하소서

화내기를 더디 하시는 주님!
사랑하는 ＿＿를 위해서 기도합니다.

사람은 감정을 가진 존재입니다.
감정을 주신 하나님께 감사드립니다.
감정이 없다면 얼마나 삭막하고 힘들까 생각해봅니다.
그러나 자칫 감정 때문에
이웃과의 관계가 악화되는 것을 봅니다.

자기 감정을 절제하게 하시고
특히 분노를 잘 다스리는 힘을 주소서.
자기 의가 강할수록 분을 잘 내게 되는데
늘 하나님의 의를 드러냄으로써 분노를 이기게 하소서.

자기 생각이 강함으로 나타나는
분노를 이기는 비결을 터득하게 하소서.
자기 중심으로 무엇을 보지 않게 하시고

하나님 중심에서 모든 것을 보게 하소서.
자기 생각으로 상대방을 판단하지 않게 하시고
상대방의 관점에서 바라보게 하소서.

겉모습만으로 판단하지 말고
깊은 영혼과 마음을 먼저 보게 하소서.
온유한 마음을 주사 모든 것을 너그럽게
주님의 마음으로 바라보게 하소서.
예수님의 이름으로 기도합니다. 아멘.

선행이 생활화되게 하소서

선을 행하기를 기뻐하시는 주님!
사랑하는 ＿＿를 위해서 기도합니다.

하나님을 믿는 사람은 선한 일을 사모하는 사람입니다.
하나님은 우리에게 선을 선물로 주셨습니다.
마음에 품은 선함이 행동으로 나타나게 하시고
선행이 생활화되도록 작은 것부터 훈련하게 하소서.
자기를 드러내기 위한 선행을 조심하게 하시고
하나님을 드러내는 선행이 되게 하소서.
선행을 은밀히 하게 하시고
오른손이 하는 일을 왼손이 모르게 하도록 하소서.
하나님을 생각함으로써 대가를 바라지 말고
순수한 마음으로 선을 행하게 하소서.

가까운 사람, 아는 사람, 친분이 있는 사람에게만
선을 행하지 않게 하시고
친분이 없는 이웃 사람이나 주변 사람들에게도

선행을 베풀게 하소서.
더불어 싫어하는 원수에게도 선행을 베풀게 하소서.

하나님이 없는 자기의 선행은
악한 것이 될 수 있다는 사실을 명심하고
선행으로 자만하지 않게 하소서.
지금부터 작은 일에서부터
선행을 실천하는 하나님의 사람이 되게 하소서.
예수님의 이름으로 기도합니다. 아멘.

자기의 사명을
발견하게 하소서

자비와 은혜의 주님!
사랑하는 _____를 위해서 기도합니다.

하나님이 우리를 구원하실 때는
각자에게 주신 사명이 있습니다.
원하기는 사랑하는 _____가
하나님이 주신 자기 사명을 발견하게 하소서.
_____를 향한 하나님의 목적을 가능한 빨리 발견하여
선한 목적을 가지고 살아가게 하소서.
하나님의 사명을 이루기 위해
공부와 모든 노력을 하는 것임을 명심하여
주어진 일에 최선을 다하는 사람이 되게 하소서.

주님이 이 세상에 오신 목적은
자기의 뜻을 이루기 위함이 아니라
하나님의 뜻을 이루기 위함이었으며

그 뜻을 이루기 위하여

십자가에서 죽기까지 충성하셨습니다.

그러므로 나를 향한 하나님의 뜻을

속히 발견하고 그 소명을 온전히 감당하게 하소서.

그 길이 비록 고난의 길이요 외로운 길이라 할지라도

나에게 주신 사명감을 가지고 끝까지 가게 하소서.

사회와 이웃을 향한 나의 소명을 확신하면서

그것을 이루기 위해 인생을 살아가게 하소서.

예수님의 이름으로 기도합니다. 아멘.

사회 속에서
건강한 시민으로 살게 하소서

역사를 주관하시는 주님!
사랑하는 ＿＿를 위해서 기도합니다.

＿＿가 믿음을 가지고 건강하게
하나님의 자녀로 성장하게 하심을 감사드립니다.
기도하기는 믿음이 자기만의 믿음이 아닌
이웃을 향한 믿음으로 발전하게 하소서.
믿음이 없는 자에게 복음을 전하고
영생이 없는 자에게 영생을 길을 알려주며
천국을 소유하지 못한 자에게
천국을 전하는 사람이 되게 하소서.

사회 속에서 건강한 시민으로서
해야 할 역할을 온전히 감당하게 하시고
그리스도인의 빛과 소금의 역할을
세상 속에서 이루게 하소서.

사회의 법과 질서에 순종하고 존중하게 하시며

하나님이 원하시는 거룩한 시민사회를 만들어가는

은혜의 사람이 되게 하소서.

남에게 피해를 주거나 자기 욕심만 부리는,

자신만 생각하는 이기주의자가 되지 않게 하시고

사회를 건강하고 아름답게 만드는

칭찬받는 사회인이 되게 하소서.

학교나 이웃과 사회 속에서 꼭 필요한 인물이 되게 하소서.

예수님의 이름으로 기도합니다. 아멘.